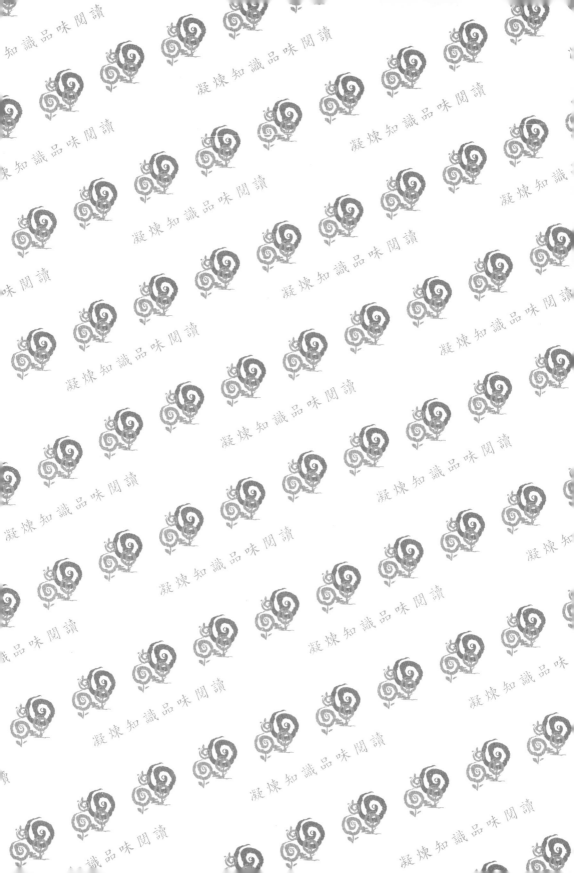

# 世 界 文 化 史

盧建榮、江政寬　編著

五南圖書出版有限公司

# 目次

# 第一章　神話思維的時代

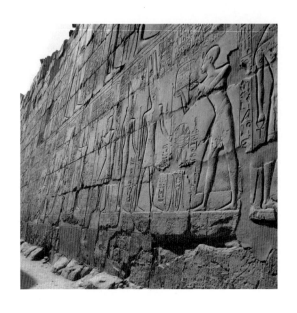

　　遠古人類雖有大腦，卻一時無法立即從事文化創作，一直到舊石器時代晚期，人類才能感知外在環境的資訊，並使用象徵去了解外界。這是大腦具有情感、洞察及象徵等三種能力才有的事。綜合這三種能力開創出農業文明的先行者，是西元前八千五百年的兩河流域先民。他們先一步發展出複雜的政治組織和先進的工藝製作。然而，人類在處理人際關係上卻暴露種種人性弱點，於是文化發明伴隨人性弱點就構成了一部人類文明史。

　　人類文明的曙光出現在北非埃及和西亞兩河流域一帶。兩地都在四千多年前發展出王國的政治模式，在之前則時興城邦的政治模式。介乎這兩強之間還有許多大大小小的政治單位，這是文明初起時的多元文化格局，此局面維持到西亞出現帝國為止。

# 第一節　石器時代的社會與文化

## 人是環境的計畫者、細密觀察者兼利用者

你每天上學可能會利用電腦寫作業，或用手機與人通訊，放學一回到家有熟悉的人工製品等你使用，你可能會聽CD來放鬆心情。從你一天的活動可知，你身處在以城市和高科技為主要特徵的環境中，被社會刺激所包圍，而你跟非社會性世界之互動，也主要受制於跟科技的關係。儘管如此，你對外在世界的細微訊息知道怎樣詳加利用，並進一步予以掌握，這確實是人類的獨特能力。這一點你跟人類的先祖沒有什麼不同。然而，以城市和科技工藝製作為特徵的文明是怎麼產生的呢？

## 演化史上令人迷惘的大腦

人類祖先走出森林後，便以直立姿態在原野中活動。直立使人類的腦容量大增。但是，人類大腦在演化史上卻有很長一段時間與新文化的創新沒有直接關聯。一直到距今四十萬年前海德堡人（Heidlberg man）現身歷史舞臺，人類空有配備精密如電腦般的人腦，卻展現不出什麼驚人的文化業藝。海德堡人是人科動物中，在腦殼底部構造裡最早具有符合現代發音系統的物種。然而，他們不曾有過象徵活動。

海德堡人以後的人類祖先有些會使用火。火可以提供光、溫暖、保護，亦可以用來使石頭和木頭工具變硬，營火可以提供社交中心，而烹飪不僅使食物易於消化，也可以殺死寄生蟲。繼海德堡人之後二十萬年，人類在資源和壽齡上比先人並未有太大的改善。人在經濟的改革上是零星的、漸進的，大部分跟物種的來去沒有關係。

## 尼安德塔人不堪現代智人一擊

　　尼安德塔人（Homo Neanderthalensis）在所有已經滅絕的人科動物中，資料最豐富，從中東到西南歐，到處有其蹤跡，光西南歐一隅就存有他們居住過的兩百多處洞穴。尼安德塔人是距今兩萬七千年前被現代智人趕出歐洲，從此不見蹤影。現代智人（Homo Sapiens）與尼安德塔人相處的時間各地不一，在歐洲約為一萬三千年，在巴勒斯坦則長逾六萬年。

　　尼安德塔人在距今二十萬年前即挾其傲人的腦容量登場。在社會組織上，他們採男女分工方式。可惜，他們的認知力和發音力均不具備，連帶象徵思維能力也有所欠缺。在利用外在世界方面，態度是消極的，只願當觀眾，並且是環境的順從者。他們在掌握資源上扮演的是搜索者，不同於現代狩獵、採集者所扮演的蒐集者。搜索者靠運氣搜尋物資，蒐集者則對資源有計畫、運用，對動物出沒處是事先知道的，並小心監視。事先計畫是人類行為的特色。尼安德塔人長期適應環境嚴酷的考驗，卻經不起與現代智人競爭，一敗塗地。惟現代智人在歐洲行蹤成謎，我們無法確知他們與新石器時代的文明人有何關聯。他們能力突現的這段演化時期，化石和考古紀錄少得令人沮喪。

---

「智人」

最早可能誕生於非洲，然後分散到其他大陸。人類似乎一直都遵循著類似的模式。許多類人類最初也可能誕生於北非，其後再遷徙至別的大陸。但並非所有的學者均同意此說，學界對此至今仍有歧見。另一派學者主張，「直立人」是「智人」的直系祖先。「直立人」出於非洲，之後再遷徙至歐洲和亞洲。大遷徙後，由「直立人」演化出「智人」。換言之，根據這項理論，現代人是在歐、亞、非三個大陸分別演化而生的。

## 克羅馬儂人提供人擁有抽象思維能力的證據

在距今四萬年前到一萬年前的克羅馬儂人（Cro-Magnons），其冗長的生活紀錄，有許多事物是前所未有的，他們的工藝發明名單有一長串，在抵達歐洲時已經是配備可觀者，而且繼續以驚人的巧思技藝在物質與行為上益形繁複。他們所擁有的抽象思維能力展現了現代人類獨特的特質，正可以其製作的洞穴藝術窺知。

這種洞穴藝術絕非對環境的機械性翻版，它是對外在的複雜世界重新創造，以細密的觀察和巧妙掌控而達成。這種重新創造的神祕因素，可能是我們永遠無法得知的。但可以確定的是，克羅馬儂人對當時當地動物的非凡刻畫，具有象徵的意義，絕不僅是對動物圖像的識別。譬如有一幅壁畫呈現這樣的畫面：一個男人倒在一隻巨大的野牛前面，而野牛則被標槍從側腹刺入。人的後面是一隻後退的披毛犀，在他下方則是一隻鳥棲在杆頂。有位考古學家如此解讀這幅畫：「曾經有一次，屬於鳥族的一位獵人被野牛殺死了。他的同伴是犀牛族的一員，進入洞穴畫了他朋友的死因——並且為他報了仇。那野牛是被武器刺死的，腸肚外流，可能是被犀牛角挑開的。」

圖1-1　舊石器時代，黑牛，洞穴繪畫部分。西元前一萬五千～前一萬年，法國Lascaux（Dordogne省）。

有些學者把克羅馬儂人的洞穴視為密閉式的聖壇，並以此角度去審

視洞穴空間的分配。結果發現，洞穴的「中央」區域描繪的是馬、野牛和牛，而外圍往往是長毛象、鹿和山羊，熊、獅和犀牛則常在洞穴最深遠之處。這幾乎讓我們作這樣推論：「克羅馬儂人相信自己是周遭生態系統的一環，覺得自己是這整體的一部分。而且，從『危險，動物出現頻率的持續下降，我們更相信這代表了克羅馬儂人對周遭世界的看法，以及他們在其中扮演的角色不同。』」可見，他們有更好的辦法來對付掠食性動物，也就不再需要以象徵手法來表現外在的危險。

圖1-2　洞穴繪畫，約西元前一萬五千～前一萬年，法國Lascaux（Dordogne省）。

不論如何，克羅馬儂人留下明顯證據，證明象徵符號在他們生活中是不可或缺的。這點應正貼近此刻閱讀本書的你的心靈吧？

## 農業生業優勢的締造

以上所敘述的是舊石器時代的一般情形。舊石器時代晚期掀天揭地的大轉變發生了，那就是農業（包含牧業在裡面）的發明。人類社群中某些地方發生了產業變遷，即從狩獵、採集，演進成農業。人變得可

以自行生產食物。生產食物從少數幾個中心（主要集中在兩河流域，從西元前八千五百年起），由這個中心向外傳播，有些地方受到影響，有些則否。影響的例子中則遲速有別，如東南歐約在西元前六千年接納了農業生產系統，中歐則在西元前五千年，西南歐接納得更晚，而且接納得不乾不脆。

人類文字的發明和工藝技術的突飛猛進均發生在農牧先進區。農業讓農民生產更多的糧食盈餘，因此農業社會可以供養全職的技術專家，他們不親自耕作，只專注於發展技術。

圖1-3　祭舞？約西元前一萬年石鐫，人的高度約十公分，Addaura山洞。

農業除了支持書寫系統、技術專才外，還供養了政治人。在人口稠密、定居的農牧社會中，出現了首領和官僚。這種層級體制不但對於治理廣土眾民是必要的，而且在維持常備軍隊、派遣探險艦隊和發動征服戰爭等行動上，若沒有層級體制就辦不到。

## 舊石器時代晚期理性和感性的確立

由於腦神經醫學和演化生物學的進步，使我們突破了過去對腦的認知：左右腦分掌人的感性和理性；如今我們獲知額頭部位的腦前葉中央

遠古的黃金時代
新、舊石器之交，農民的生活條件相對於他們的前輩來說，是一種進步嗎？

　　側面的聯合皮質，是儲存往日獎懲資訊系統的一部分，而這種資訊能刺激直覺，影響正常人的抉擇過程。直覺是思考過程不可少的媒介，原已存在的情感反應和直覺洞察，再加上象徵推理，這三種大腦功能很可能就促成了現代人類意識的出現。人類的政治組織（如城市）和工藝製作就是基於大腦的三大功能而創建出來的。

　　理性和感性確立的關鍵時刻正值舊石器時代晚期，人類改採與環境敵對的農業文明之前夕。了解你之所以具有理性和感性的本能是源於遠古人類文化製作的結果，這或許可讓你此後不用再提問「我是誰？」這樣的問題了。

## 問題與討論

一、現代智人與靈長類的猴子或是黑猩猩相比，在行為模式上有何異同？而人類
　　在長程演化過程中產生出具有今天現代人本質的關鍵為何？
二、人類與生態關係的改變如何因新石器時代農業文明的出現而發生劇變？

# 第二節　宗教籠罩下的西亞和埃及

## 帝國爭霸

圖1-4　埃及第十九王朝第二代法老塞提一世率軍進攻卡德墟時，拉美西斯二世以王
　　　　子身分參戰。

　　西元前一三〇九年，埃及第十九王朝的第三代法老（Pharaoh）拉美西斯二世（Ramse's Ⅱ），以西臺王國（Hittite）國王赫梯破壞昔日所訂和約爲由，利用巴勒斯坦和腓尼基作跳板，挑起了與赫梯的長期爭霸戰爭。雙方各自動員二萬兵力於卡德墟（Qadesh）進行會戰。結果，均損失慘重。此後十六年，埃及和西臺兵戎相見卻始終難分勝負，最後以簽訂和約方式結束兩國的敵對關係。距今三千三百年前，人類文明世界舞臺所在地的西亞和北非這一地帶，上述和約確立了兩強的世界勢力畫分，多元文明因而尚能續予運作，不致太早定於一尊。

## 蘇美人的城邦政治及其文化

　　拉美西斯二世在位期間，西亞兩河流域是個王國、城邦林立的區域，是小亞細亞的西臺帝國垂涎之區。西亞這種政治多元情勢，要到西元前十一世紀亞述帝國建立才結束。

　　西亞地區的經濟核心是兩河流域，早在西元前五千年至四千年間便已發生城市和農業雙元革命，它的東北和北部山區，以及西南沙漠區，都還停留在部落林立時期。最早進入兩河流域創建文明的人稱這片土地為蘇美（Sumer），因而成了我們口中的蘇美人。蘇美人在河谷地帶建立了一套灌溉系統，滋潤了大地，也哺育附近的城鎮和村落。這些城中，最大的一個擁有兩萬四千名居民。

圖1-5　烏爾的軍旗── 和平（局部圖）（Standard of Ur: Pecice）烏爾第一王朝、納斯卡蘭期（約西元前二六八五～二六四五年）反映了烏爾城蘇美人日常生活的情形。

　　鱗次櫛比的城都是各自為政、不相統屬的，紛爭在所難免，但維護灌溉

兩河流域
是指發源於西亞山區的幼發拉底河（Eupharates）和底格里斯河（Tigris）兩條河流域的地區。

系統一事又展現其協同的一面。蘇美人（Sumerian）起初並沒有形成大
一統的國家，而是由好幾個各自獨立的城邦競爭領導地位。這種情形
有點像中國春秋時代的政局，國際爭霸是時代的特色。像吉爾伽美什
（Gilgamesh）史詩所歌頌的霸主就是烏魯克（Uruk）城主吉爾伽美什稱
霸的故事。類似這樣霸主主政的例子相繼發生，直到基什（Kish）城主
薩爾恭（Sargon）征服鄰國，建立世上第一個帝國，才結束這種列國分
治又共處的局面。

　　蘇美人在文化上的其他成就，還有建築上的眺高屋頂和圓頂，計數
上的六十進位法，文字上高達兩千個符號（則需專業書吏才能勝任書記
工作）。此外，人類最古的文學作品亦出自其手，主題是：「人能否長
生不死？」

## 創世、洪水、通天塔

　　巴比倫人有一首著名的創世史詩：〈埃努馬・埃里什〉。巴比倫
城每逢歡度新年的時候，都要將這首詩排演成戲。猶太人被迫遷居巴比
倫，即充當所謂「巴比倫之囚」時，想必對此詩劇相當熟悉。這種天神
創世的神話出自更古老的蘇美人創世神話。其實，蘇美創世神話的主要
目的，就是藉宣揚上帝創造宇宙、天地之機，維護祭司階層不勞而獲的
特權地位。同時，我們也不難看出，古老的蘇美神話是如何通過曲折的
途徑滲入猶太文化之中，並且藉助《聖經》影響整個西方文明的。

　　兩河流域的人開始創作神話和崇拜神祇時，他們並非尋求一種對
自然現象的正確解釋。相反地，人透過虛幻的神祇企求，在可見的現實
世界中找到一個安頓身心的所在。阿卡德語中，「巴比倫」就是「神之
門」。這是說該城居民既居於宇宙中心，又是在聖域中為神所眷顧的對

象。城中建有一座欲比天高的通天塔，這是奉祀馬都克神神廟的寺塔。巴比倫人將此廟比作宇宙山，及連結天地的神聖功能。而蘇美人大洪水神話是說，神造了人之後感到後悔，決定毀滅人類，可是祂又不想傷及無辜，乃故意洩露這一消息給祂喜愛的義人，要他們建造方舟以避災。這一神話亦爲曾旅居烏爾城的猶太人所繼承，並載入《聖經》中。故事中那位歷劫不死的義人由鴿子口含橄欖枝告以洪水消退的喜訊，從此，鴿子和橄欖枝便代表和平的象徵。

圖1-6　薩爾恭頭像（阿卡德王朝）

　　以上從創世、洪水兩神話到通天塔建築，顯示兩河流域的人利用象徵的手法與外在世界掛勾，爲的是表達他們的驚奇，以及嘗試將此無所不在的神祕與他們自身的生命連繫起來。這種情形一如兩河流域的人在舊石器時代崇拜女神，便是爲了表彰對土地的神聖感。

　　這種善用象徵所發展出的文化，在埃及人身上也看得到。下面會從拉美西斯二世講起。


## 強權政治和統一王國的出現

　　西元前兩千四百年，一位閃族的私生子長成後建立了支配各邦的王國。這位傳奇人物叫薩爾恭（Sargon），協助他征服四方的祕密武器，是由他改變的軍隊組織。原來只有貴族才有能力支付的重裝兵軍隊組合，被他改成一般平民皆能支付的輕裝兵軍隊組合。再加上，他不重視

面對面廝殺的戰技，較重視集體射箭及遠戰能力。如此一來，他的兵源充沛，兵力也較充足。

在他的統治下，閃族語言取代蘇美語成為兩河流域的強勢語言，逐漸地，蘇美人也被同化了。薩爾恭經常出征，但他往往利用敵人間的矛盾而克敵致勝。薩爾恭讓我們見識到，他無須摧毀其他城池便能使之臣服，進而創建一統王國。依賴權力均勢保有自主權的城邦與一統王國，乃是人類文明初起時國際關係的兩大模式，這樣的文化模式在以後我們還會見到。

## 王位繼承與宗教

拉美西斯二世在位長達六十七年（西元前一三○四～一二三七年），這是人類史上迄今少有的執政紀錄。他在位期間是埃及文明的全盛時期，在他之後，埃及逐步走上衰亡。拉美西斯是次子，他父親在位第十年決定

圖1-7　拉美西斯二世岩窟廟

培植他做繼承人，在任命他為攝政王之前，安排他通過一道宗教儀式：奧塞里斯（Osirisn）。

奧塞里斯是古埃及國王，因被其弟謀殺，故特為其建造一座大神

廟，用以安撫一股毀滅的力量，後來的法老們則將它轉變成復活的神力。奧塞里斯經每年固定慶祝儀式的舉行，變成保證每年尼羅河水位高漲的守護神，也是宇宙生生不息的來源。

埃及法老的職前訓練是要他感受到埃及守護神在眷顧他，他的身體已與神靈合而為一，他至高無上的地位已經由神明確認，此舉可杜絕王位覬覦者的野心。

## 政教衝突

埃及法老與祭司集團之間形成既互相依賴、又相互衝突的關係。古埃及人信仰的神祇中，有一位頭戴鴕鳥羽毛的女神，叫瑪奧特（Maat），她掌管宇宙永恆的秩序，是真理、正義及諸德的化身。每個人死去都須經奧塞里斯法庭審判以決定來世的去從，瑪奧特是該法庭的審判長。

埃及法老除了奉行瑪奧特所揭示的理想之外，又將自己認定為太陽神之子，蒞臨人間統治塵世。由於崇祀太陽神是祭司集團之事，祭司透過祭典，掌控物質資源的權力大增，勢凌王權。法老先後採取二策以資因應。一次是放棄原有太陽神神廟系統，另立新系統，為此太陽神也易名。

另一次是，有位法老易克納唐（Ahenaten）一方面二度將太陽神易名，另一方面則取消所有以前眾神信仰，並沒收教產，如此將埃及變成一神教國度，更使自己成為太陽神本尊化身。然而，這樣激烈的政教改革只能及身而止，這位法老死後，舊勢力反撲獲勝。

---

**埃及人情詩：蛇般的豔后**
比其他所有女性都可愛、光輝、完美，新年降臨天際的一顆明星，豐年，色彩明豔，眼波流轉誘惑，她的唇使人著迷，她的頸項長短適中，她的胸脯使人驚嘆；她的髮是閃亮的琉璃，她的手臂比黃金更燦爛，她的手指宛若花瓣，如蓮花一般。她的側影宛若雕像天成，她的腿遠超過其他美人。她的步伐尊貴，若她擁抱我，我心成奴隸。

　　祭司集團在十九王朝拉美西斯家族重新振興。但是隨著帝國的衰落，王權神話因而破滅，以太陽神為中心的官方宗教已不能帶給人們安全感。這時民間宗教開始盛行，人們轉而崇拜地方神、動物，並廣泛地使用巫術。埃及亡國後，附著於國家的祭司集團也隨之俱逝。爾後一些外來統治者雖允許埃及人保有神廟，但神廟中的教士只握有傳統的解釋權，不再具有干預世俗權力的能耐。

　　埃及一共有三十一個王朝，前述拉美西斯是第十九王朝第三任法老，有好幾朝是外族入主埃及，情形類似中國。第三十一王朝（西元前三四三～三三二）為波斯人所建，馬其頓人入侵埃及，結束波斯人政權，同時也終結埃及王朝史，此後埃及王朝不再有復國機會。

## 其他璀璨的埃及文化

　　埃及三面由山、海、沙漠所環繞，只除了東北角有一缺口，形勢孤立，使外來文化難以輸入，在此條件下卻能獨自發明文字、醫學、數學、文學、建築（神廟和金字塔）等有形的高度物質文明。而處理屍體技藝（木乃伊製作）和建物牆面刻有突發事故的紀錄背後，其所表現的死亡文化和無歷史意識的時間觀，都是非常特殊的。

　　從遺物來看，埃及人在思維上，避免極端；在思想上，傾向實用。反倒是其民間文化（習俗和居所）比較貼近現代文明，感覺上距離我們沒那麼遙遠。

---

金字塔建築的文化象徵意涵
古金字塔形的殿宇，便是一座不折不扣的宇宙山；它的七層建築形式顯示出七層行星的天；藉著登上這七層，象徵神職人員達到宇宙的頂端。

表1-1　埃及歷代王朝簡表

　　　　古埃及始於西元前三一〇〇年，結束於西元三三二年。約生活在西元前四世紀～前三世紀的埃及祭司曼尼托（Manetho）把埃及歷史分為三十一個王朝，現代學者沿用了這種分法，並根據古埃及政治和文化發展的主要線索，將三十一個王朝分為若干歷史時期，這些線索主要包括埃及的統一與分裂、新都的建立、物質文明的突破性發展，如大規模古建築的出現等等。由於對這些線索各有側重，所以埃及學家們在分期問題上一直有分歧，目前普遍接受的一種分期是：

前王朝時期：西元前四五〇〇～三一〇〇年
早王朝時期：西元前三一〇〇～二七〇〇年
　　　　　　　（第一至第二王朝）
古王國時期：西元前二七〇〇～二一六〇年
　　　　　　　（第三至第八王朝）
第一中間期：西元前二一六〇～二〇一〇年
　　　　　　　（第九至第十王朝）
中王國時期：西元前二一〇六～一七八六年
　　　　　　　（第十一至第十二王朝）
第二中間期：西元前一七八六～一五五〇年
　　　　　　　（第十三、十五、十六、十七王朝）
新王國時期：西元前一五五〇～一〇六九年
　　　　　　　（第十八至第二十王朝）
第三中間期：西元前一〇六九～六五六年
　　　　　　　（第二十一至第二十五王朝）
後 期 埃 及：西元前六六四～三三二年
　　　　　　　（第二十六至第三十一王朝）
托勒密埃及：西元前三三二～三〇年
羅 馬 埃 及：西元前三〇～西元三九五年

# 問題與討論

一、觀賞完一九九九年美國動畫片《埃及王子》，你對於古埃及人的生活及文化邏輯有何更深刻的看法？

二、讀完埃及名王拉美西斯二世的傳記（法國歷史家Christian Jacq 所作《拉美西

斯五部曲》，麥田出版），你對於這位名王波瀾壯闊的一生，以及對於當時
埃及的文化有何感想？

三、請老師講述吉爾伽美什的故事，之後並帶領同學討論有關民主運作的兩個問
題：

1.距今五千多年前，蘇美人烏魯克（Uruk）城邦透過兩個民意機構所作的和
戰決定，你認為比起英國最早的雛形國會有何異同？

2.它的運作方式與你所理解的民主政治究竟有何關聯？

# 第二章　人文思想興起

　　在兩河流域帝國更迭不已中，境內不少小國遭毀。最後帝國跨足境外，大敗埃及古國。在西亞烽火連天中，唯獨印度半島和希臘半島子民的文化日益精進。固然戰勝國的宗教，像印度婆羅門教、波斯祆教，都有讓當權者汲取到製造宰制性意識形態之處，但失敗者的宗教，即猶太教，仍然是鼓舞弱者以道德至上之說對抗統治者的刀劍。最後帝國一一湮滅，但一神教的宗教形式卻變成人類希望的火苗。

　　同樣，希臘城邦一直活在帝國入侵的陰影中，但光芒萬丈的哲學和藝術等文化，卻演變成日後人類文化的遺產。以上古典時代的帝國紛紛走入歷史，只有猶太文化、希臘文化，以及代表印度賤民智慧的五卷書依然閃亮如昔！

# 第一節　兩河流域帝國的更迭及其文化

## 離散族裔（Diaspora）

今天全世界約有一千三百萬名猶太人，但在以色列國居住的只有三百九十八萬多人。全世界的猶太人仍以猶太語作爲共同的母語、實行內部通婚、以星期六作爲安息日、爲幼童舉行割禮等等。凡此種種，可能都是一般人對猶太人的粗淺認識。

自西元前十二世紀初猶太人定居迦南（Canaan）開始，到西元一三五年被羅馬帝國征服，成爲無國之民逾一千八百年之久。三百九十八萬人口的以色列有廣大僑民爲後盾，是一個任誰也不敢輕侮的迷你國家。是什麼力量使亡國千年、族裔四散的猶太人可以復國，而且一旦復國成功即無堅可摧？答案是他們創建人類史上最早的一神教。這樣的一神教，埃及早已有之但不成功，已見前述，繼而波斯人、羅馬人（雖非西亞人，但統治半個西亞），以及阿拉伯人先後改信一神教。何以古代西亞是一神教的沃土？

圖2-1　現代畫家想像米底、加爾底亞聯軍攻克尼尼微城，亞述帝國淪亡前夕的情景。

## 帝國，忒多的帝國

　　兩河流域的城邦政治於西元前二十四世紀爲外來的集權王國所搗毀之後，預示了歷史鬆散的城邦聯盟再也不是外來者超大型政治組織的敵手。這種超大型政治組織不是別的，就是像吸塵器般的帝國，把遍存西亞世界的部落、城邦，甚至王國一掃而光。

　　蘇美人在烏爾城邦所建的最後一個王國因對內實行暴政而產生內亂，並引來外患入侵，結束王朝，各城邦紛紛重建，這是供來自南方沙漠操閃族語言的民族進行逐鹿、並得以建立帝國的前景。前後兩支閃族都立都於巴比倫城，爲區別起見，分別稱爲巴比倫帝國（從西元前十八世紀至前十六世紀）和新巴比倫帝國（從西元前七世紀至前六世紀），在兩大巴比倫帝國之間，又有一支閃族人建立亞述帝國（立都尼尼微城，從西元前八世紀至前七世紀），之後超越以上三波帝國運動的是波斯帝國。波斯帝國亡於西元前四世紀。

　　從西元前十八世紀至前四世紀，特別是在巴比倫帝國滅亡後的八百年間，西亞世界是各民族以王國爭雄的時期。帝國的出現固然結束了區域國際戰爭，但帝國又意味著區域多民族、多文化特色的加速消失。

圖2-2　《漢摩拉比法典》石柱

## 帝國銷亡・文化長存

　　拉美西斯二世在世時，他環顧宇內，除了小亞細亞操印歐語的西臺帝國尚值得一較高下之外，整個西亞地區其他政治單位均不在他眼下。對西亞各大小政權而言，也虧得已知世界西北和

西南兩角落的帝國爭霸，他們才能獨立生存。

西亞的主權和治權就像球賽的獎盃，由每場勝隊所攫奪。這裡看不到像中國或埃及般的王朝遞嬗，頻仍的戰亂也不致摧毀該地由蘇美人傳下的生產能力和管理文化。每次的軍事強權都以當地的文化繼承者自居，特別是他們當中絕大多數為帝國所滅，他們的歷史早被帝國消音，唯一的例外就是前述的猶太民族。

## 巴比倫法典

首先是古巴比倫的漢摩拉比法典，在蘇美第三王朝的法典未被發掘出來之前，大家還道是人類最早的一部法典呢！不過，它仍是世上第一部比較完備的法典。法典的正文分成：(一)神的領域，涉及某些不可饒恕的罪行；(二)國家領域，代表的是王室利益；(三)私人社會領域等三大部分。法典的精神主要在維護中央集權君主制和私有財產制，其中不無進步成分，像債主不得毆打、虐待甚或殺害債務人，高利貸受到限制，違者喪失一切，妻子無辜受虐可攜嫁妝返其娘家等；同時也保留許多原始民族血親復仇的慣習，像「以眼還眼」、「以命抵命」等即是。

## 城市文明——巴比倫市民一天的生活

西亞許多大城是以行政機能為主的，住著大批的官僚和軍人，不同於埃及和希臘城市。以波斯治下巴比倫城為例來說明，它的面積有五百平方公里，人口六十萬，舉世無雙。

話說城東有戶商人家庭，家長姑且稱之為阿達，有太太、兩個兒

圖2-3 巴比倫遠眺（復原圖），這是西元前六世紀尼布甲尼撒所建的巴比倫城
牆，遠處是雄偉的巴比倫巴別塔和橫跨幼發拉底河的大石橋，它是古代
世界最長的大石橋。

子、幾名奴隸，是某神廟的採購人員，他住的是神廟管理人員區。巴比
倫的城市結構是坊市制，居民依人種和職業分區居住，每區環以可封閉
的圍牆，有柵門晚間上鎖（各位可曾想到唐代長安，屬於相同的城市文
化）。阿達一早起床忙著給家人分派一天的工作：妻子在家料理家務，
兒子帶領奴隸到田裡幹活，他自己則上市場採辦神廟所需的貨物。阿達
家的田是神廟配給他的服役報酬，離城甚遠，故兒子和奴隸必須早起
食用早餐，往返費時的緣故，返家都很晚。阿達家習慣食用早餐和晚餐
的間隔時間很長（當時流行一天吃兩頓）。阿達一家今天早餐是麵包、
鹽、芥末和蔬菜。

　　阿達出了家門，很快就走出巷口的柵門，算是離開自家住的城坊。
阿達先前往外僑區，坐落在港埠碼頭附近，該區色情行業發達，是專給
外僑享用的，本國人不可流連該處，阿達來此是為了添購香料。接著他
前往本地居民的工匠區，為的是買祭品。他在這裡轉了老半天才買到所

要的，店夥計幫他提貨隨他送往神廟。他將物品在神廟祭司處登記造冊
完畢，一天的工作就算完成了。這時夕陽西下，他疲憊不堪地返抵家門。

　　今天晚餐是大麥餅、蔬茶和湯。兒子們回家後晚餐才開動，一家人
一邊吃飯，一邊談家事。晚飯後，阿達點起油燈，好讓一家人幹活，並
準備第二天的活計和所需之物。晚上九點左右，全家就寢。阿達躺在床
上籌思如何準備神廟的慶典，想著想著就睡著了。

## 識字人的文字素養訓練

　　蘇美人發明的文字非常複雜難記。書記人員要從小受嚴格訓練。有
一塊描寫書記人員的石碑，石碑左側有兩個人在登記戰利品。在這兩名
書記之前坐著一位政府官員，執
筆的書記正在泥板上印刻楔形文
字。學會寫字的人可以獲致權
力，日後，學習書寫這門技術和
有關的知識，甚至成為一種特權
──換言之，並不是每個人都有
機會學習。

　　兩河流域的文字，是人類最
早的文字體系，其最深遠的意義
在於：它不僅在本區內書寫蘇美
語和阿卡德語，而且在境外近東
各處傳布。

圖2-4　這是課文所敘那塊石碑的複製品。
　　　　在本圖中石碑頂部的銘文被省略
　　　　了。碑文所載約略是亞述王薩爾恭
　　　　二世於西元前七一四年攻占烏拉爾
　　　　圖的穆薩瑟城事件。

圖2-5　書記人員使用一種特製的尖筆，將楔形文字刻在金屬上。左圖是波斯國王大
　　　　流士一世（Darius I，西元前五二二～四八六年在位）時期的銀板，上面的銘
　　　　文具有晚期楔形文字的典型特徵。顯然，楔形文字具有很強的適應性，因為
　　　　它同時能用來書寫巴比倫語（圖的中間部分）、埃蘭語（圖的右部）和古波
　　　　斯語（圖的左部）。西元前十四世紀左右，安納托利亞人所採用的西墨文字
　　　　（右下圖），則具有明顯的象形文字特徵。

　　四千年前有位老師留下一篇文章，記敘了當時學生的日常生活，非
常有趣。學校是允許體罰的地方，無怪蘇美文「毆打」一詞的詞根是由

**蘇美文字**

蘇美文字是西亞，也是世界當今所知道的最古文字之一。它是由古代美索不達米亞文明的最早創造者蘇
美人所創造。蘇美地區位於兩河流域下游沖積平原，瀕臨波斯灣，盛產蘆葦和黏土而缺乏木材、金屬等
原材料。因此，黏土泥板和蘆葦桿就成了本地特有的書寫工具，蘇美人用削尖的蘆葦桿或木桿在泥板上
壓出一個個筆畫，幾個筆畫組成一個符號。書寫完後，他們晒乾或烤乾有文字的泥板：這就是人類歷史
上最早的「文字」。由於這種符號的第一筆畫看起來都像一個長三角形（楔形），因此被稱為「楔形文
字」。後來說塞姆語的阿卡德人、迦南人、巴比倫人和亞述人，講印歐語的赫梯人和波斯人，以及語系
尚難確定的胡瑞安人和烏拉爾圖人等等，都先後借用了這種書寫方法和符號來記錄自己本民族的語言。
以伊辛王朝（西元前二十世紀）開始，塞姆人代替蘇美人成為南美索不達米亞的主要居民，蘇美語言和
文字逐漸消亡。在巴比倫第一王朝（建於西元前十九世紀）時，阿卡德語言文字最終成為兩河流域通用
語文。但蘇美文字在宗教、儀式和文學中還被使用，直到帕提亞時期（西元前一二六年至西元二二七
年）後，各種楔形文字全部失傳。

「身體」和「棍棒」所組成。

　　文章中那位學生頑劣不堪，上課講話，且還離座跑出校去玩，事後當然受到老師懲罰。老師又發現他繳交的作業字跡潦草，乃對這位學生施以第二頓體罰。該名學生回到家裡如實陳告父親學校遭罰之事，且與乃父商量如何賄賂老師以改變不良觀感。父親接受兒子建議，把老師請到家中做客。只見這對父子，一個殷勤備至，一個恭敬有加，頻頻勸進菜餚。老師臨走前，這位學生家長還奉上禮品，包括新衣一套、戒指一枚，以及其他禮物。老師感動之餘拍著學生肩膀說：「年輕人，你一定能精通書法，理解它的奧妙。你將成為汝家騏驥，朋友中之干城，所有學生中之翹楚，你在學校學習得很好，遲早將成為一位有學問的人。」這到底是諷刺校風不正，還是暗示學生必須送禮？你說呢？


## 波斯玻璃器受到中國珍視

　　西元前八世紀刻有亞述名王薩爾恭二世（Sargon II）之名的玻璃杯被現代考古家發現，這是迄今最早有確切紀年的玻璃杯。要到西元前二世紀末中國才獲知世上有玻璃器如此神奇之物，一向為歷朝皇家視為珍藏品。在《西遊記》中，老實的沙悟淨原係天庭大將，就因打碎玉皇大帝一只琉璃盞才被貶下凡，降為流沙河裡的妖魔。這個故事喻示我們，到了明代中國，玻璃器仍是貴重物品。波斯人生產易碎型寶物，其不易保存的特性足以與貴重的金銀器珍寶匹敵，別具一格。這樣的物質文明也算是極具巧思了。

## 猶太一神教

猶太人的先祖最初由沙漠遷居蘇美人的烏爾城，不久又輾轉遷徙至地中海東岸的迦南，從此該地就成了他們的故鄉。之後又因逃難，逃至埃及，改稱以色列人（意爲「戰勝天使的人」）。猶太人旅居埃及期間，又由於不堪在地人的壓迫，才在摩西領導下逃離埃及，途中摩西去世，續由約書亞率領，最後安抵上帝「應許之地」的迦南。他們在據地經歷幾位名王的統治，是爲其百年黃金時代。

西元前八世紀和前六世紀初，猶太兩個王國分別爲亞述和新巴比倫所滅，兩次亡國的居民均被迫遷居兩河流域。西元前六世紀末，波斯人征服新巴比倫，猶太人獲返故鄉，從事第二次復國運動。過了一百年，猶太人開始整合所有經典，成爲世所周知的《舊約聖經》。在這本包羅萬象的寶庫中，「道德至上」和「一神信仰」的理念貫穿全書。

西元第二世紀，羅馬占領巴勒斯坦，猶太淪爲羅馬附庸國，陷入更加深重的苦難。猶太人在反抗羅馬暴政運動期，使原本擁有三百至四百萬人口陡降到只剩八十萬人，從此一千八百年過著四處流亡的歲月。

## 波斯祆教

祆教和兩河流域的宗教世界有很大的不同。在兩河流域，所有的神都是善神，惡神在開天闢地的創世過程中就已被掃蕩乾淨。但祆教的世界卻是由善惡兩大神祇分別統率的團體所組成。祆教是由波斯先知瑣羅亞斯德（Zoroaster）所創，他大概是西元前七至前六世紀初的人。天使、惡魔、死後世界等瑣羅亞斯德式的思維，對於日後猶太教、基督教乃至其他宗教的形成，顯然有著深遠的影響。

　　祆教的善惡觀不僅有宗教倫理上的意義，而且具備現實的政治意義。善惡行為可從宗教層面延伸到政治層面，支持王權表善行，反之表惡行。祆教號召人民積極參與善惡大戰，故深得伊朗古代歷朝君主的支持，而且在薩珊王朝時代成為國教。

## 問題與討論

一、最近歐洲學者著書指出典藏摩西十誡那兩片石的法櫃，可能藏在波羅的海的一個小島中，又八〇年代美國名導史蒂芬・史匹柏一系列法櫃奇兵的電影，則暗示希特勒發動大戰與爭奪法櫃有關。一件歷史上的古文物變成如此稀世奇珍，你認為決定物件價值的道理為何？

# 第二節　古印度文化

## 大家一起來練瑜伽

　　許多人可能為健美的理由練過瑜伽術（Yoga），即使沒練過的也看過瑜伽術表演。瑜伽術從何而來？大家都知道來自印度，是印度文化的珍寶。在印度人的宗教信仰裡，強調人在精神上最大的解脫，是獲得智慧，它能淨化人的心靈，讓人達到至高的和平境界。何以曲臂彎腿的瑜伽術會有如此高深的道理？讓我們來談談印度文化吧。

## 森嚴的階級劃分結構

　　二十世紀的印度聖雄甘地（一八六九～一九四八）立志掃除印度社會的賤民階級，一直到他去世後，過著悲慘生活的賤民一如其三千多年前的前輩，毫無改變。古印度的原住民在操梵語的雅利安人（The Aryans）入侵之後，淪為被殖民者。雅利安人征服土著的過程中，因冀望戰爭獲勝而有戰神「因陀羅」崇拜，而戰爭目的在掠奪牲畜，其中牛隻最被看重。戰勝和牛群增多幾乎是同義詞，這是印度將牛提升到聖牛

---

雅利安人是些什麼人？

嚴格說來，「雅利安」並不是一個民族或好些民族的適當名稱；這個辭出自梵文，意思是「親屬」，正確的解釋是所有說某一種印歐語的人。但一般人誤取雅利安一辭的狹義，以指某一群橫衝直撞、到處遷徙、頻頻見於西元前二千年左右歐亞大陸古代史的民族。某些使用梵文的民族到處攻城掠地，勇猛無比，馴服了一種產於俄羅斯南部的野馬，就策騎這種耐勞的馬四處侵略。他們不管走到哪裡，都仍說母語，每征服一地，便和當地人種混合，逐漸又發展出多種語言，包括拉丁、古希臘、斯拉夫，以及日耳曼等語在內。

有關侵入印度的雅利安人真實情況，長久以來跟另一種族於十九世紀時期大肆渲染的神話夾纏不清，至二十世紀，這神話更受到希特勒和納粹黨人極力提倡。該神話中說不論古今，人類的進步都應歸功於一個白種「優秀民族」。然而確實使雅利安人戰無不勝的，是騎術以及後來使用戰車的技術，而並非他們真的體力過人和智慧超卓。

地位的由來。

　　殖民主和被殖民者之間很容易在外表上作出區別：雅利安人身軀高大、膚色白皙，原住民則個頭矮小、膚色黝黑。原來雅利安人社會中的祭司、王公貴族及工商業者，全部成了君臨印度原住民頭上的主子，而原住民成為社會底層，專從事賤役工作的賤民。

　　到了西元七世紀，從中國來遊學的玄奘大師目睹了這種情形，在其著作中還將這種森嚴的階級劃分制度，取名為「種姓」制度，且至今一直沿用在所有中文著作中。每個社會都有階級劃分，但像印度這樣嚴明的個案，世間難覓。不過，儘管雅利安人殖民主多麼排斥印度原住民，視其為「不潔」的生物，禁止自己人與賤民通婚，但混血之事還是發生了。易言之，階級是難以跨越，但不至於到不容跨越的地步。每一特定階級的成員還是有所變化，只是種姓制度的結構一直難以被推倒。所以，不變的是社會結構，階級內涵是有變的。

## 原住民的高水準文化

　　被征服的原住民文化水平很高，只是軍事上不如人，反而是侵入的雅利安人為一沒有文字的民族。位於今巴基斯坦境內印度河下游的一座古城，是繁榮於西元前二五〇〇至西元前一七〇〇年的文明中心都市。這座城由東側是「一般市民生活的市街地」，以及西側為「具公共設施的城堡部」所組成，人口約三至四萬人。個別居室入口互不相對，藉保

---

種姓
梵文稱其階級制為「瓦爾那」（Varna），其辭原意為「顏色」、「品質」，隨著社會等級的產生而逐漸轉借為「階級」之意。唐代玄奘於印度目睹此制，遂以自家文化去理解它，譯為「種姓」，見於所著《大唐西域記》，漢譯佛經亦採此譯法，民國以來的歷史著作或教科書亦沿襲不替。十五世紀葡萄牙人登陸印度，稱此制為「卡士特」（Caste）。

隱私，而公共澡堂之設置可能與其宗教信仰的潔淨觀有關。排水系統完善，有汙水處理和方便清理的下水溝。印度河文明完全沒有其他文明常見的陵寢、宮殿等象徵王權的建物，也沒有武器和防衛設施。究竟是何力量在維繫社群的運作，遂成了一個謎。我們只能寄望解讀其文字符號早日成功，或許有解謎的一天。

圖2-6　西元前兩千年古印度河文明公共澡堂想像復原圖

## 支撐種姓制的意識形態

　　即使到了一九五〇年印度國會修法，廢除種姓制，但並未能根除，現代印度種姓、亞種姓多達萬餘種。種姓一詞的中譯得自前述的玄奘大師，他因來自門閥貴族社會的關係，他的譯法也還算貼近印度社會實情。印度種姓如此入人之深，乃因其背後有個婆羅門（Brahman）教在為它撐腰。

　　婆羅門為印度古代宗教之一，約形成於西元前七世紀，因崇拜梵天（Brahma）而得名。該教信奉多神，其中三大主神為梵天（創造之

神）、毗溼奴（Visnu，保護之神），以及溼婆（Shiva，毀滅之神），
分別代表「生」（創造宇宙）、「住」（維護宇宙），以及「滅」（毀
滅宇宙）三種力量。婆羅門教支持既有的社會體制，且為種姓的存在背
書。它告訴其信徒，今世一切為前世業緣所決定，人於死後根據今世所
為轉世再生，行善虔誠者可升進較高種姓。

　　由西元前一千五百年到西元
前五百年之間，雅利安人的宗教
與文化都保存在他們的經典吠陀
經（Veda）之中。這是一部由龐
雜的詩歌、祭文與哲學思想所組
成的文獻集，經中描寫的神明很
多，其中最主要的神是婆羅門，
代表永恆與無所不在的唯一主
宰，是所有生物靈魂的根源。

　　爾後雖有異端教派興起，
主張眾生平等，對種姓制威脅甚
大，但到了西元四世紀，這些異
端教派也無法在印度社會立足。
之後取得印度宗教主導權的是印
度教，它對種姓制度的態度上，

圖2-7　雅利安人所奉祀冀戰爭得勝的神
因陀羅造型。雅利安戰神和雷神
因陀羅為吠陀諸神中最具法力的
神祇之一。圖示因陀羅手舞戰爭
與衝突兩把匕首，騎著代表雨雲
的大象埃拉瓦塔。

不脫婆羅門教窠臼。婆羅門教可說是種姓制的守護神，即使後來風光不
再，但它的後繼者卻忠實地扮演種姓制的守護神角色。亦即，支撐種姓
制的意識形態一直由印度主流宗教所提供。

## 以弱抗強聲息的出現

　　印度宗教雖然告誡其信徒安於塵世一切、寄望未來，但這不表示整個社會是完全聽由支撐種姓制的意識形態來安排，還是有反抗的聲音在發出吶喊，只是聲音微弱，難以撼動那宰制性的意識形態罷了。至遲約完成於西元前六世紀的《五卷書》，裡面所講與前述印度正統思想所代表的傾向形成了強烈的對比。《五卷書》裡有很大一部分故事是講弱者戰勝強者的。

　　這些故事的主人翁是以動物面貌出現，有點像我們今天兒童看的卡通片，以擬人化的動物來進行故事情節。譬如：有隻烏鴉叼了一串金鏈子，丟在黑蛇洞口，為的是吸引人們來取金鏈子，乘便把威脅牠的蛇殺掉。這可說是弱小的烏鴉使了一招「借刀殺人」之計，由人類去對付蛇。又如：一隻螃蟹用爪子箝住騙了許多魚吃的白鷺之脖子，並把牠殺死，也救了自己。

　　類似這種弱小「民族」（諸如兔、鼠之輩）戰勝強大「民族」（諸如獅、虎之流）的故事，在此書中可說應有盡有。有的故事還明白點出：團結的重要、打破對命運迷信的必要等，例如：「對永遠精勤不懈的人，命運也一定會加以垂青」、「即使是弱者，只要團結，強敵也無可奈其何」等警句，在書中俯拾即是，不勞多事徵引。

　　這部書從上古以來即被譯成多種文字向全世界傳播，古希臘《伊索寓言》裡即蒐集有印度產的故事。《五卷書》的阿拉伯文譯本出現在八世紀。而在中國，漢譯佛典和志怪小說裡都收入《五卷書》的故事，在民間社會流傳。所以，《五卷書》代表的是民間社會的智慧，雖然它無法改變印度社會根深柢固的現狀，卻也不能說沒有鼓舞一些上進的心靈。

## 瑜伽之外的文化

　　古印度人在天文、數學及醫學上有重要成就。印度科學始於宗教，永遠無法擺脫宗教束縛，如數學起源於祭祀，古印度人十分重視祭壇形式，大小有嚴格限制，因此有極大數和極小數的觀念。印度人又創造十進位，並首度提出「零」的觀念，從而促成代數學的發展。這套計數法和符號被阿拉伯人傳播開來，世人不查還道是阿拉伯人所有，稱之爲「阿拉伯數字」。

　　醫學上，印度的外科手術技術獨步全球，在近代西方醫學尚未興起之前，印度醫生已會割除白內障和膀胱結石，並會整治疝氣，此外，還會剖腹生產。

　　印度在文學上也極有特色，其中史詩劇《摩訶婆羅多》有十八章故事之長，敘述槃塗五王子與股魯百王子之間爲爭奪王位而引起的十八日大戰。書中內容穿插許多神話及傳說，涉及宗教、倫理、哲學、法治等，有古印度文化百科全書之雅號。

## 問題與討論

一、三千五百年前高水平文化的印度土著，遇到不如他們的雅利安人，只因軍事不如人而被徹底征服不說，自己有文字的文化也不被野蠻的征服者看重。總之，被殖民者在文化優勢上似乎一點都無法產生作用，難道你不覺得奇怪嗎？試比較那些曾經以武力征服過中國的無文字民族，諸如鮮卑、遼、金以及滿洲人（按：後三族爲統治中國，之後發明了文字），最後結果都同化於中國漢民族，請問從中國個案你能想像印度個案究竟發生了什麼問題嗎？

# 第三節　希臘文化

## 拉美西斯獲知特洛伊圍城之戰結束

　　希臘半島諸邦遠征特洛伊城（Trojan）十年期間，正是拉美西斯從王子身分躍升為攝政王期間。埃及雖不是海權大國，但對活躍於地中海上的希臘人和腓尼基人並不陌生，許多有關對手國西臺王國的訊息便是來自希臘、腓尼基的水手。特洛伊圍城戰結束後，勝利者斯巴達國王梅納拉斯（Menelaaus）偕其逃婚的妻子海倫（Helen）回返故國。拉美西斯於事後多少聽聞木馬奇計攻下特洛伊城的事。究竟海倫是否途經埃及作客，今天西方一些史家還在爭議之中。我們暫且對此不論，先回到歷史場景。

　　拉美西斯在當王子期間，從許多來往埃及港口的水手口中知道不少希臘歷史和風土人情。底下是拉美西斯所整理的希臘歷史：

## 早期愛琴海文明

　　我（拉美西斯自稱）見識過愛琴海（Aegean）南端克里特（Crete）島的青銅工藝品和彩陶，也聽過愛琴海命名的神話故事。我甚至在港口碼頭與克里特的商人交談過。在我們埃及壁畫裡也有他們的蹤影。希

---

木馬奇計

關於特洛伊城戰爭的結局，根據神話傳說，後來阿喀琉斯被特洛伊王子帕里斯用暗箭射中腳跟而死。帕里斯後來被希臘英雄菲羅克特斯射死。希臘聯軍最後用「木馬計」才攻克特洛伊城，結束戰爭。

所謂木馬計，就是希臘聯軍根據奧德修斯的提議，造了一個空心大木馬，裡面藏了一部分希臘英雄，放在特洛伊城外離去，特洛伊人不知道這是希臘人的計謀，就把木馬拖進城內，深夜，藏在木馬裡的希臘英雄們出來打開城門，躲在附近海灣的希臘將士殺進城內，攻克特洛伊城，結束了戰爭，後來「特洛伊木馬」就成為一句成語，轉意為「為了消滅敵人而送給敵人的禮物」。

臘人稱克里特島上的王宮為「南海迷宮」，宮裡養著一隻牛頭人身的怪物，雅典每年（一說九年）要向該宮進貢七對童男童女，給這頭怪物吃。後來雅典王子冒險進宮殺死怪物，勝利返航時，一時匆忙忘了把船的黑帆換成表示勝利的白帆，他的父王以為自己兒子已死，悲痛之餘投海自盡。王子為了紀念父王死難，遂以乃父之名「Aegeus」命名這片大海：愛琴海。

克里特島上住有好幾個王，都建有王宮，居民愛好和平，沒有防禦措施。他們已有文字，用以記帳。島上王政起源於拉美西斯高祖父和曾祖父時代，該王朝曾稱霸愛琴海島嶼、希臘半島、小亞細亞西海岸，以及東地中海腓尼基人（Phoenician）的各殖民地。

大約一百多年前（按：西元前一四五〇年），該王朝被其對手——來自希臘半島以邁錫尼（Mycenae）為主的各城邦——所滅，從此邁錫尼勢力支配該島，並稱霸愛琴海一帶。這次平定特洛伊之役，即是以邁錫尼王阿加曼儂（Agumemnon）為首所統率各邦的軍事行動。特洛伊王子誘拐梅納拉斯妻子海倫事件恐怕只是藉口，戰爭真正原因是小亞細亞一帶霸主——特洛伊城，長久以來與邁錫尼勢力即存在著商業的衝突。

以邁錫尼為代表的希臘人崇信天神宙斯（Zeus），天神及其下各神均居在希臘半島上的奧林匹克山，祂們跟人一樣會生氣和爭吵，會介入人間事務。邁錫尼的墓葬方式從豎井式墳墓變成規模宏大的圓頂墓，墓中放置金屬殉葬品。它的政治組織屬於專制王政，最近阿加曼儂才贏得眾王之王的頭銜，希臘各邦有趨於統一的情況。希臘人到處追求商業利益，這點難保不跟我們埃及人產生衝突。

## 拉美西斯死後的希臘世界

上述拉美西斯對希臘文化的認識，大抵都能與今日的考古發掘相互印證，惟希臘後來的發展已非他所能預見，以後歷史發展就由我們接手來說。拉美西斯死後，另一支操希臘語的民族入侵希臘文明世界，邁錫尼等城邦從此進入黑暗時代，沉睡三百年之久，直到西元前七、八世紀，才又露出文明的曙光。這時歷史的聚光燈打在以雅典城邦為中心的阿提加地區。

圖2-8　雅典王子殺死邁諾斯牛，為現代漫畫家的想像畫。雅典王子提修斯手中的劍，是邁諾斯公主給他的魔劍，也是這隻怪牛的剋星。

西元前五、六世紀雅典人的文化表現成為人類歷史的瑰寶，它在政治文化、哲學、文學、藝術及科學等方面的傑出成就，仍叫後人嘆為觀止，尤其民主政治的實驗，更是十八世紀以後自由主義人士所津津樂道，並引為先驅同志。

雅典人的民主是歷經了王政、貴族派閥政治、僭主政治以後的另類政治，略帶有實驗色彩。在雅典的勢力範圍內，成年男性公民數在三萬至五萬人之間。這些公民除了是公民大會的當然成員之外，又以輪值、抽籤、選舉、任行政官（名額不詳）等方式擔任各種公職，諸如執政官（一個名額）、將軍（十個名額）、議員（五百個名額）、陪審法官

解讀殺牛神話

看來，在古代的克里特，公牛可能被當成一種神畜來看待，由此便產生了各種圍繞著牛而展開的祭神儀式。也正是從這種神聖而又可怕的牛戲中產生了上述怪牛的神話。童男童女進貢給牛怪所暗示的也許就是這種祭獻儀式。你認為這樣的解讀令人滿意嗎？

圖2-9　克里特島的居室文化──以皇后閨房爲例

（六千個名額），以及各種委員會委員等。雅典人實施民主可貴的一面表現在漫長戰爭歲月中完成各種攸關國運的重大決策，先是抵抗波斯入侵，繼而與斯巴達集團爭霸，最後戰敗城破。

　　雅典民主的靈魂人物之一伯里克里斯（Pericles），於西元前五世紀領導雅典人從事和戰大計逾三十年。他的一貫政策是以反波斯、不與斯巴達合作爲主要內容。此一政策是以維護一支龐大艦隊爲前提。與雅典結盟的城邦必須繳交保護費給雅典，就在波斯人長久沒有軍事行動，或是雅典人向斯巴達霸權挑戰的情況下，雅典盟邦覺得沒有付費雅典的必要，難免導致雅典及其盟邦之間的齟齬。

---

**伯里克里斯「國殤演說詞」**
我們所以稱爲民主政治，是因爲我們的行政機構在多數人手上，而不是操在少數人之手……。
一個公民無論在任何方面有他卓越的地方，國家當予以優先任用……。貧窮並非一種障礙，一個人的出身無論怎樣的微賤，對他的國家總是有益的。
我們的城市向全世界開放，而且從來不曾驅逐，或阻止一個查看或學習一些有助於敵人的祕密的外來者……。
總之，我說雅典是希臘的學校。

　　海軍軍費不僅與雅典帝國霸業有關，也攸關一般民眾的權益。伯里克里斯的政策提供為數甚多的公民上艦工作的機會，與海軍相關的行業也提供許多就業機會，而他倡導的海外殖民事業更讓民眾雀躍不已。然而，此一政策是與雅典貴族的利益牴觸的。首先，貴族的軍事力量集中在重裝步兵，而貴族的資產在土地，所以，成立永久海軍或是海外拓殖事業都與貴族利益毫不相關。而且，貴族領袖們傾向結好斯巴達的政策，也與伯里克里斯想法迥

圖2-10　克里特島文化精品之一

異。易言之，雅典人通過伯里克里斯政策的背後，意味著貴族勢力受到壓抑。再者，雅典的文化菁英也不容許素質低的文盲參政。斯巴達即將擊敗雅典的前夕，部分反民主人士廢止民主制，成立四百人的寡頭統治團體（Four Hundred Oligarchs），可以在此之前即看出端倪。

　　關於雅典民主的特點，首先在參與感方面，除了婦女、他國僑民及奴隸之外，公民們確實自認為參與政府運作。其次，在共識感方面，從一旦決定擴張政策到最後付出戰敗的代價，公民大會確實使人民懷有共識感，否則大家如何會為多數人的意願負責呢？最後在效率上，雅典人以公費支應一支艦隊、從事公共建物和贊助藝術活動，這些高度成就正說明了雅典效率頗高。

　　雅典藝文作品感人肺腑，許多人物仍一直活在讀者心中，像向天神盜火苗給人類的普羅米修斯（Prometneus）遭終生禁錮；又如伊底帕斯（Oedipus）具有向多舛命運抗爭的英雄氣概，都變成典故讓人代代相傳。這類作品的感染力不僅穿透時間，歷經考驗，而且超越文化隔閡，不同文化的人也都能欣賞。

　　雅典的三大哲學家，蘇格拉底（Socrates）、柏拉圖（Plato）及亞里斯多德（Aristotle），又何嘗只屬於希臘人，他們同時也是人類歷史上的哲學宗師。蘇格拉底提出「美德即知識」的重要命題。他有句名言：「認識你自己」，認為這是獲得美德的重要途徑。他晚年含冤入獄，且被科以死刑，弟子設法營救，他卻以生命悍衛法律尊嚴，嚴拒弟子的好意。

　　柏拉圖的思想可從其所著《理想國》窺出。他主張哲王治國勝過仰賴群眾的民主制，更指出，一個理想的政治組織要以能顯現正義為最高原則。而何謂正義，這樣的政治倫理命題更須借助辯論方可獲知，這影響日後西方政治哲學至鉅。同樣是探討政治倫理命題的中國《論語》就不是這個模樣。

　　亞里斯多德是百科全書式的學者，一生為人類留下了四百多卷的文化遺產，創立了許多學科。他樹立了一個求真的標竿，「吾愛吾師，吾更愛真理。」這句格言就是他說的。人類知識的拓展倘若拘泥於師生名分，就不會有今天高度的科學成就了。

---

**不被雅典人推崇的偉大哲學家——蘇格拉底**

蘇格拉底經常煩人地否認他知道任何有關美、德性或正義，或其他任何他們討論的東西上。這樣宣稱無知，是他的商標。就像他開玩笑地聲稱個人的美麗一樣，這些否認部分帶著諷刺，雖然也有嚴肅的目標。他總是聲稱沒有什麼可以教人，但他的活動看來很像是在教學——夠像的了，才讓人把他當作是個有不良影響的老師，拉到法院上去。

這裡有段故事。當蘇格拉底要離開法庭，一位熱忱但腦袋不清的崇拜者，名叫阿波羅多勒斯（Apollodorus），哀嚎著蘇格拉底要被不正義地處死了，這是他最難以忍受的事。「什麼？」蘇格拉底說，並試著安慰他：「你難道想要我被正義地處死嗎？」

**柏拉圖哲學的兩大特色**

柏拉圖創立了我們所知曉的哲學這一課題。他生於西元前四二七年，死於西元前三四七年，是第一位作品完整流傳給我們的哲學家。他也是第一位撰寫遍及全面向哲學問題的人：知識、感知、政治、倫理、藝術；語言及語言對世界的關係；死亡、不朽，以及心靈的本性；必然、變易，與事物底層的秩序。懷德海（A. N. Whitehead）曾說過：歐洲哲學傳統不過由「一系列對柏拉圖的註腳」所組成，他的話敲到了重點。當然，隨著科學的發展以及社會、文化上的激烈轉變，問題的內容以各種方式在改變。另一項重要的事是，與柏拉圖不同，在理解人類生命時，我們對於歷史的重要性具有強烈的感受力，但是這種感受力最近才萌生出來，不只柏拉圖，十九世紀以前大部分的哲學家也都缺乏這樣的感受力，這些哲學家就像柏拉圖一樣，受著他的影響，以為最重要的真理是了無時間性的。

　　雅典文化之異彩紛呈一時也說不盡。雅典的喜劇家阿里斯多芬（Aristophanes）喜歡諷刺時政，常讓政治人物恨得咬牙切齒。他晚年時曾自得地說，他因喜劇創作曾受過七十五次控告，但每次總是被判無罪。這說明雅典民主政治確實提供文化活動不可或缺的沃壤，較之日後許多專制政體透過新聞檢查箝制人們的文化和思想活動，真是不可同日而語。

## 問題與討論

一、荷馬史詩伊利亞德講的是希臘諸邦聯軍攻打特洛伊的故事，一九五〇年代美國據以拍成《木馬屠城記》電影，風行世界，臺灣亦望風披靡。各位同學言談中凡涉及禮多必詐，或以送禮巧計賺取他人鬆弛防衛之心的事，都會使用到「木馬」的典故。請問從這個故事中，你看到什麼樣的文化景致？

二、希臘神話往往成為西方文化或文學用典的寶庫。十九世紀末二十世紀初心理學的誕生，也扮演推動的角色。話說精神分析學之父佛洛伊德在寫他的學術論著之時，放棄創立學術術語的辦法，改用希臘典故來說明他所發現的心理徵兆，像用伊底帕斯情結來稱呼幼童因戀母所產生的心理疾病。這樣的學術行文使讀者一讀就懂。基於以上認識，請你就自己的閱讀經驗，談一談學術創新與文化遺產的關係。

---

**吾愛吾師，吾更愛真理**

西元前三七〇年代，柏拉圖寫下《理想國》。書中，在柏拉圖現存作品中，《理想國》第十卷裡，他對藝術所發動的攻擊，談到最後，邀請熱愛藝術的人為藝術辯護，請他們指出藝術並非只會帶來快感，而會造福人類生活、社會，如果不能指出這一點，藝術便該被逐出理想國。亞里斯多德的《詩學》（Poetics），對這項挑戰提出部分的回應。這本書日後被人當成是美學與戲劇批評中的鉅著。

# 第三章　大帝國的出現及文化交流

　　不讓西亞帝國專美於前，歐洲也先後出現亞歷山大帝國和羅馬帝國，並且跨海入侵西亞。歐洲帝國統治西亞一段期間，竟意外形成大規模的文化交流，之後西亞人從歐洲人手中恢復不少失土，唯獨東地中海一帶土地無法收復。儘管東、西方世界對抗的形勢不可避免，但各自文化的獨特性多少已能了解，只是互不欣賞罷了。西方的法治文化和東方的獨裁制文化依然成為後人有所行動的文化基因。

# 第一節　希臘化時代

## 埃及香水俘虜了羅馬大將

西元前四十二年，羅馬帝國最有權勢的安東尼（Antony）來到埃及的塔瑟斯，埃及女王克麗奧佩脫拉（Cleopatra）打扮成希臘性愛女神阿芙羅黛特（Aphrodite）的模樣，由裝扮成邱比特的男孩為她打扇，乘著香氣四溢的紫、金色彩船抵達。兩百年後普魯塔克（Plutarch）所寫女王傳記如此描繪這一對驚才絕豔的相會：

> 船夫以銀槳撫觸水面，配合著長笛、風笛、琵琶的音樂，……彩船上沒有船夫，而是由她侍女中最美的，打扮成女海神與代表美麗、魅力及歡欣等三女神，有的司舵，有的掌帆。無數的香爐不斷散發出難以言喻的濃郁香氣，由船上飄浮到河岸邊。

由這幅描寫細膩的圖像，我們可以想像，久經戰陣、心如鐵石的安東尼，此刻也變成繞指柔了。

## 由克麗奧佩脫拉上溯三百年來希臘化埃及

克麗奧佩脫拉於西元前六十九年生於埃及，是馬其頓人的後裔，國王托勒密十二世（Ptolmy XII）的女兒，母親不詳。西元前三十一年八月，安東尼和女王的軍隊被羅馬將軍屋大維（Octavius）擊敗，次年雙雙自殺。屋大維為慶祝這次將埃及納入羅馬版圖的勝利戰役，用元

埃及女王出身什麼族？埃及人？希臘人？希臘移民埃及的第十三代？還是希臘裔土著化的埃及人？

老院崇敬他的尊號奧古斯都（Augustus）命名八月。馬其頓人自西元前
三三二年滅掉埃及，至此統治埃及凡達三百○五年，是落實希臘化政策
的北非地區，類似政策尚及於西亞原波斯國境。這是歐洲文明首度統治
亞非古文明世界的時期。

## 亞歷山大──希臘化世界的奠基者

　　希臘各城邦長年以來活在波斯帝國的陰影之下，加上久缺穩固的
統一陣線，在波斯操弄之下各邦爭戰不已，爭自由、反霸權的理想早
已揚棄。這時希臘半島北部的馬其頓王國儼然成為解救希臘文化靈魂
的不二人選。馬其頓在腓力普二世（Philip Ⅱ）治下（西元前三五九～
三三六），逐漸形成一股國際性的勢力。他創立一支以重裝步兵方陣為
主體的軍隊，每位步兵配有極長的矛，大約有5.5公尺長，在敵人揮劍相
向之前，每十位步兵一組，先形成一道道傾斜的矛牆接敵。這是日後腓
力普的繼承人亞歷山大（Alexander）憑以征服四分之一個亞洲的軍隊。
腓力普生前不僅征服希臘各邦聯軍，其先鋒部隊還首途前往小亞細亞，
企圖向波斯帝國問罪。

　　亞歷山大於其父被刺身亡後立刻即位，快速進行征東的軍事行動。
不到十年光景，西元前四世紀，希臘人所知的文明世界，包括波斯帝
國、埃及帝國，以及印度半島西北部各邦，盡入亞歷山大之手。

## 世界國的規劃

　　亞歷山大是位傑出的將領，但不是好的帝王，善於征服，卻拙於
統治。他的統治可說率由（大流士）舊章、毫無建樹，連錢幣也沿用大

圖3-1 左面騎馬無帽者為亞歷山大，右面乘戰車者為大流士三世。此圖畫面已有些破損。

流士像幣。他生前有兩大問題困擾著他。一是他於征服埃及後自認是天神阿蒙之子，此舉不合希臘文化——活人不可以成神之旨，也使他與馬其頓人或希臘人之間有了裂痕。另一是新征服地仍由當地人代理統治，這引起馬其頓人的不滿。他希望波斯人能被馬其頓人所接納，於是大談「四海之內皆兄弟」的世界主義之道。他又組訓一支馬其頓化的波斯軍隊，同時也要他的軍隊改穿波斯裝。他鼓勵波、希兩族通婚，自己則與波斯女子結婚以為表率。亞歷山大的行徑令我們想起中國史上的鮮卑人魏孝文帝。這樣的民族融合政策因他的猝死而人亡政息，紛紛為他的繼承人所揚棄。他的繼承人改以希臘人為管理階層、並以希臘文化模式遂行統治，這麼一來有很長一段時間，北非和西亞古文明變成一希臘化的世界（Hellenistic World）。

## 亞歷山大世界國的變色

　　亞歷山大之死引起各地域繼承者的戰爭，戰後緊接著幾個別具特色

的希臘化王朝的發展，都將世界從亞歷山大規劃的世界國帶向完全不同的境地。

　　大致說來，亞歷山大遺留下的世界，通行希臘語，錢幣上有他的圖像，所有國王都奉他為始祖。當然各地希臘化程度不一。安提哥那（Antigonus）統治希臘文化所在地的希臘、馬其頓地區，因為它有著過去強大的文化傳統，故受到亞歷山大帝國的影響最小。城邦儘管在馬其頓人的宗主權之下，但仍繼續以它們原來的方式存在，只不過城市的統治者是親馬其頓的寡頭罷了。這與過去民主化的傳統有點背離。

　　在小亞細亞，希臘城邦大致也是如此。他們的統治者其權威不強，故爾繼續享受其「獨立城市」的生活方式。一些城市顯著繁榮起來，特別是帕加曼（Pergamon），它發展出能與埃及亞歷山大港相匹敵的文學和藝術文化。

　　再往東深入亞洲去看，以今敘利亞為中心的塞流卡斯（Seleucus）王國，繼承了伊朗大部分地區，但只對幼發拉底河以西的土地有較大的

圖3-2　亞歷山大東征接收波斯帝國戰利品之一：波斯城。

影響力，它建立了許多希臘式的城市，其中有許多都叫亞歷山大。它雖然與控有埃及勢力的猶太——巴勒斯坦地區有領土戰爭，但基本上內部穩定性甚高，政權持久性甚強。塞流卡斯不信任中東的原住民族，他任用希臘人爲帝國的官員，藉以逐行殖民統治。亞歷山大族群融合的政策就此徹底崩解。

在巴勒斯坦的猶太人社區受到的希臘化衝擊相當巨大。希臘人在耶路撒冷設有演武場，猶太人眼見希臘人每天裸體練身體，羨慕之餘，紛紛加入運動行列。希臘人的審美觀是不許身體有缺陷的，偏偏猶太人自幼進行割禮，爲了仿效希臘人，他們競相從事整型手術。此外，猶太人不食豬肉，有位塞流卡斯的王強迫一家七兄弟食用豬肉被拒，該王命這七兄弟的母親眼睜睜看其兒子逐一被虐殺。這樣爲堅持傳統而獻身的事件難免令猶太人的信仰爲之動搖，不論自動或被迫，猶太人終究都希臘化了，其他各地土著民族的情況也可想而知。

控有埃及的即是克麗奧佩脫拉女王的遠祖托勒密（Ptolemy），由他所創的王朝在一眾繼承者中享國最長，而且維持一脈相承，直到前述奧古斯都征服埃及爲止。亞歷山大港（Alexandria）大體上是在托勒密二世贊助下，成爲當時文明世界文學和藝術的中心。亞歷山大圖書館藏書七十萬卷，堪稱舉世無雙，當局並資助一群學者於此從事文藝復興的工作。許多猶太作家居住埃及以希臘文寫作歷史、哲學或詩歌，猶太《聖經》也被譯成希臘文，其他民族如埃及人和波斯人中亦不乏史家，在亞歷山大港以希臘文從事歷史寫作。儘管這展現了亞歷山大東征以來，第一次眞正的文化融合，但希臘文化本身吸納上述亞洲各民族文化的程

**希臘化文化**

亞歷山大帝國分裂後，希臘人仍是西亞、埃及等地的統治者，希臘人和希臘文化不斷湧入上述地方，與當地文化融合成一種新的文化，後人稱之爲「希臘化文化」。

圖3-3　亞歷山大東征，接收波斯帝國戰利品之一；波斯城浮雕，畫面顯示萬邦來朝的和平景象，而無血淋淋的廝殺場面。

度，遠不如各民族接受希臘文的程度。這也顯示希臘文化對各族群文化菁英的滲透是毋庸置疑的。

　　在原波斯帝國的巴克特里亞地區所建立的希臘王國，為享國最短、此後卻劇烈變動的政權。巴克特里亞王國（Bactria，西元前二五〇～一三九）這個政權（按：中國稱之為大夏）在西元前二世紀時試圖在中亞和北印度地區爭霸，所留下的一個文化遺跡是一篇〈米林達之問〉（Questions of King Milinda）。米林達是指希臘文中的孟南德（Menander）國王，這本書是他向一位聖賢問道的集結，其解答明顯是佛教教義。該王國是希臘化世界的極東邊陲地帶，已與東亞的中國互通聲息了。在希臘風格與當地佛教傳統融合的過程中，發展出犍陀羅（Gandhara）的宗教藝術。雖然佛陀故事的雕刻作品取材來自印度文化，但雕像的人體比例和姿態或表情都是希臘式的，而且是被運用在北印度人的像貌上。西元前二世紀中葉，這個王國被人滅亡，但幾百年後其文化東傳至中國，並蒙發揚光大。詳情請見第四章。

## 亞歷山大事功主題在哲學和文學上的影響

　　由於城邦理想的破滅和現實世界的擴大，人們思想走向兩個極端，即一方面渴望擁抱廣闊的世界；另一方面卻對這個世界茫然失望，退而只顧個人。當時流行的是古希臘斯多葛派（Stoicism）、伊比鳩魯派（Epicureanism），犬儒（Cynics）學派和懷疑主義就是這兩種思潮的反映。

　　斯多葛派主張決定事物發展的因素是世界理性，為了服膺此一宗旨，人必須過道德的、及自然的生活。在此基礎上，此派提出了「人人皆兄弟」和世界公民的政治主張。伊比鳩魯派宣揚無神論和神滅論，並提倡尋求快樂和幸福。此派人士生活簡樸，同時抵制奢侈生活對身心的腐蝕。犬儒派堅持個人自由、自我滿足，鼓吹根據「自然」來生活，對社會持批判態度，以及對名利無所追求。這其實是一種遁世主義。懷疑主義派的核心思想是不可知論，而在實踐上講求享受眼前。

　　亞歷山大的事業儘管曇花一現，但其作為卻引起後人的兩極評價，且餘波盪漾不已。環繞著亞歷山大作為的哲學觀之文史作品相當可觀，有以斯多葛派價值觀歷數亞歷山大暴行的，也有刻意將傳主寫成聖徒的。以上兩種史觀的作品都流傳久遠，在爾後基督教盛行時代仍有人閱讀和討論。這些以亞歷山大事功為主題的書中，有一本叫《亞歷山大傳奇》，雖非正規史作，但不斷被翻譯，撇開拉丁和希臘的四、五種譯本不談，其他語文譯本即多達三十七種。亞歷山大的人格魅力未嘗稍歇，於此可見一斑。

# 問題與討論

一、英年早世的亞歷山大帝生前愈發相信自己就是太陽神之子，此舉與希臘宗教
　　觀相違，並使他不見容於他麾下的大將。亞歷山大主張，世界帝國和自己就
　　是太陽神之子這兩點，都使他自外於希臘文化，而與希臘人有所衝突。請問
　　你如何理解亞歷山大這樣的作為？

# 第二節　羅馬時代

## 這款的「第一家庭」

奧古斯都當權後，基於現實政治考量，必須1.加強與親密戰友阿格里巴（Agrippa）的關係，以及2.結納對手貴族勢力的代表杜希拉（Drusilla）家族。為此，他離婚另娶杜希拉家族的檯面人物麗維亞（Livia），並把自己唯一親女兒許配給阿格里巴。麗維亞攜與前夫所生的兒子提比留（Tiberius）嫁到奧古斯都家門。多年之後，阿格里巴去世較早，奧古斯都不願此事打亂他的接班計畫，立即將新寡的女兒改嫁給繼子提比留。此舉等於迫使提比留離婚另娶其繼父的女兒。這一連串的政治婚姻雖有著安定帝國的考量，卻以犧牲提比留個人幸福為前提。

提比留的第二次婚姻並不幸福，原因出在奧古斯都的寶貝女兒緋聞頻傳，而且每輒鬧到舉國盡

圖3-4　西塞羅眼中「像神一樣的年輕人」的奧古斯都。

史家眼中奧古斯都時代的降臨

「年輕一代的人都是在亞克興（Actium，西元前三十年）一役勝利之後出生的，甚至老一輩的人大部分也都是在內戰時期誕生的，剩下來的人又有誰真正看見過共和國呢？

世界的局面改變了，渾厚淳樸的羅馬古風業已蕩然無存。政治上的平等已經成為陳舊過時的信念，所有人的眼睛都在望著元首的敕令……」

——塔西塔斯（Tacitus，約西元五五～一二○年）《編年史》

知，除了奧古斯都以外。提比留曾經一度不辭而別，跑去隱居，以逃避妻子所給予的屈辱。

## 婚姻與家庭

就今天看來，以上羅馬第一家庭視婚姻如同兒戲的舉動並非特例，而是普遍現象。事實上，由於婦女死亡率偏高，加上離婚容易，往往只要一紙休書即可，所以有錢的羅馬人平均要締結三次夫妻財產制的婚姻。當時的婚姻不是建立在感情基礎上，而是建立在婚後融洽相處，以及傳宗接代的必要性上面。就人口學角度看，當時僅有三分之二的嬰兒倖存，其中又只有半數可以活到二十歲，加上二十歲後婦女生育能力大減。因此，羅馬人流行換妻，或娶懷孕女人為妻，一如上舉奧古斯都娶提比留母親，毫不足奇。就如羅馬文學泰斗西塞羅（Cicero），儘管寫了不少深情款款的家書致乃妻，最後仍以離婚收場。

## 政治：帝國乎？共和乎？

羅馬從臺伯河畔的一座城起家，到了西元前六世紀貴族推翻國王，遂行貴族集議制，開會集議的地點叫元老院，將一般民眾分成兩類，即有投票權的公民和非公民。羅馬憑藉武力征服義大利半島的各邦後，立

**離婚是常有的事**
「很少有婚姻能持續到夫妻雙方中一人死亡時，卻還未被離婚中斷。我們的婚姻在沒有衝突下延續了四十一年，（下略）在雙方共同努力下，我們保留了來自你父母的財富。你把一切交給我，從不擔心收穫。我們分擔職務：我監督你的財富，你保護我的家產。（下略）既擔心你不會受孕，又顧慮我沒有子女，雖想不讓我因無後而絕望，卻又想留你當妻子。為了不讓我痛苦，你向我提離婚，你想要放棄房子，讓一個會生育的女人進來。（下略）你確定把將出生的孩子視為己出。」──羅馬拉丁文題銘。

即與地中海霸權國迦太基發生利害衝突，經過兩百年的擴充戰爭，環地中海的歐、亞、非三洲土地全都成為它的領土，而以幼發拉底河與伊朗安息國為界。羅馬從一個城邦發展到與安息帝國瓜分西方文明世界的一半領域時，它早已變成一殖民大帝國。這樣的大版圖大體維持到西元五世紀末。

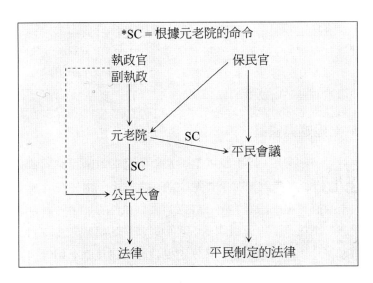

圖3-5 西元前二八七年後的羅馬立法

　　元老院雖是立法機構，但因其成員可經由選舉膺任執政官而控制行政體系，故執政官的政策基本上必須獲得元老院各派系的支持方可執行。而行政體系中重要的六百個職位，亦由有元老資歷的人來履任。元老等職位雖係選舉產生，但因選舉受到權勢集團操控，故也不能用今天的民主制去理解它。羅馬人以反對帝制自豪，稱自己這套政治體制為「共和國」制，同樣也不能用後世的共和國體去看待它。套句凱撒批評的話：「共和國，只是一個名稱，沒有形式和實體。」凱撒的評語可說切中共和國的實質。

　　帝國版圖擴大，伴隨而來的問題叢生，其中兩個問題值得提出。首先，戰爭所征服的土地被視爲戰利品，是一種可搜刮的機會，元老院議員爭相攘利，用以擴充派系的政治資本，如此更反過來加強派系的爭權奪利。其次，義大利半島上除了羅馬城人有公民權之外，其餘逐次被征服的各邦雖納入「共和國」，邦人有資產者均有服兵役的義務，但卻不具公民權。羅馬軍團或其別遣隊大體由農民充當，他們爲國效死有份，卻參政無門。加上，農民眼見帝國因擴大而繁榮，而繁榮所積累的財富全讓富商和權勢者所瓜分，他們最後只能相率逃亡。

　　羅馬貴族內部亦有人高舉改革大纛爲訴求，結果卻引致更加暴力的派系政治。改革主要朝擴大政治參與，和徵兵制改爲募兵制這兩個方向規劃。反改革的元老派認可了後一方案，卻將前一改革方案視爲將動搖「共和國」國本的惡習。雙方的鬥爭從議壇延伸到街頭，暗殺手段層出不窮，最後連招兵買馬在戰場見眞章的伎倆都用上了。

　　凱撒就是兩百年派系鬥爭的最後出場人物，也是「共和國」的掘墓人，近似帝制的個人獨裁因此產生。不過，凱撒未能享有成果多久，反改革的元老派猶做困獸之鬥，復經十餘年動盪，凱撒的甥孫屋大維才眞正品嘗到「共和國」潰亡的果實。

　　奧古斯都自己代表改革派的貴族中一大家族，他新婚的夫人代表的是反改革派貴族中的另一大家族。這是他欲以兩大家族的結盟充作帝制的架構。另外，他有鑑於其舅公全憑政治法定職位來運作「共和國」這部政府機器，結果失靈起見，改而在法定職位之外扮演調停者之角色，

**羅馬共和時期晉升體系（Cursus honorum）**

對一個有政治野心的人來說，通常晉升的順序是這樣的：財務官（大概最低年齡要二十八歲左右）→市政官或平民保民官→副執政→執政官。各職位間要有兩年的間隔，不過，似乎市政官／保民官可以略去。蘇拉把年齡規定固定如下：財務官，三十歲；副執政，三十九歲；執政官，四十二歲。蘇拉又進一步規定，同一人不得同時擔任一個以上的行政官職；同一人也不得在十年內兩度擔任同一職位（蘇拉本人破壞了這兩條規定）。

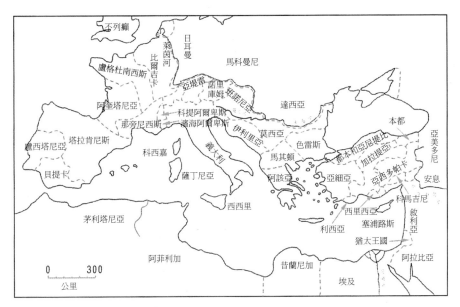

圖3-6　西元十四年羅馬帝國的版圖

用以弭平派系政治所產生的極度衝突危機。結果，他死後頂其「第一公民」名義施政的自家家族人物達四代之多，連同他一起算在內，凱撒家族執政了九十五年之久。後「共和國」的奧古斯都體制神效由此可見，並且更重要的，它締造了羅馬兩百年的和平。

**派系政治：陰謀＋血腥暴力**

不朽的上帝啊！我們現在究竟在世界何處？我們所擁有的是一個怎樣的政府體制？我們生活在一個怎樣的城市？噢！諸位元老，就在此地，就在我們這些人中間，在這個全世界最神聖、最尊貴的元老院裡，有人陰謀滅絕我們每一個人，陰謀毀滅羅馬城，陰謀摧毀全世界。我──一個執政官，此刻睜大雙眼逼視著他們。啊，他們居然是來商談國事的。這簡直令人難以想像！這幫傢伙早就該在劍下受戮了。可是，我甚至還未能用言語來敲擊敲擊他們呢。（西塞羅任執政官時舉發政變陰謀演講的片段）

## 享受的兩百年

奧古斯都時代到西元二世紀末是共和其名、帝國其實的黃金時代，古羅馬人尤其是首都居民享有相當舒適的物質文化生活。

在奧古斯都頒布系列法令振興社會繁榮方案後的兩、三百年，羅馬城裡建有貴族宅院（即建有柱廊、噴泉和雕像的花園）約一千八百座，其下層人士居住的公寓式樓房約四萬六千多棟，樓內均接通自來水和排水系統。這不僅古代罕見，即使是日據臺灣晚期號稱現代化的臺北城亦有所遜色，而羅馬城內各種大型的公共設施更是令後人嘆爲觀止。

羅馬城原有二十餘萬貧民，每月享有政府津貼，這個貧民隊伍愈往後愈加擴大，政府照舊管吃管喝。有收入和中等條件居民的衣食，自然是較豐裕的。

羅馬人喜歡閱讀，除了擁有世界級的圖拉眞圖書館之外，公共浴場裡往往附設圖書館。羅馬人對泡湯有特殊的嗜好，浴場同時也是談政治、議文化和做買賣的場所。

此外，羅馬開辦許多學校，除普通學校之外還有工程、法律、醫藥方面的專門學校。在西元二〇〇年，對貧民開放的教育猶較西元一八五〇年的英國更普及和適用。

## 社會：庇護和依附關係的形成

羅馬社會是一個以提供庇護和忠心依附爲關係主軸的社會。奴隸主之於奴隸即是這層關係的體現，固不消多說。一般平民甚至公民，倘要加入社交網絡，就得成爲有錢或有勢者的公民之「依附者」，取得「依附者」的資格後便成爲世襲的權利；「依附者」與提供庇護的「庇護

者」之間關係是密切、且隱固的，在任何情況下，兩者之間是互相扶持且忠誠不二的。這樣的關係還可透過合於法律的程序，把一些社團或地區家族連結起來。西塞羅與其依附者關係之密切不下於一對朋友，西塞羅死後，他的依附者蒐羅其文稿將之出版，就是一個例子。

圖3-7　羅馬競技場，西元七二～八〇年，羅馬競技娛樂節目的提供，反映了羅馬庇護與依附關係的文化道理。

　　庇護——依附的關係還被引申成贈與和回饋的另一種社會關係。羅馬世界寬闊，一般人一生都有遠行的機會，社會中身為旅行者東道主的制度不免應運而生，東道主提供與其建立關係的旅行者食宿，這樣的招待亦可傳子而代代不已。這種提供物質援助的文化更與倫理意義的「行善」原則結合起來，顯貴人士往往允諾提供他們城市各種招待節目，諸

**競技秀：羅馬人的迷魂湯**
電影《神鬼戰士》講的是羅馬競技場的決鬥。觀眾可以看到，羅馬皇帝提供節目給羅馬城居民，用以收攬人心。所以，羅馬人為競技場娛樂瘋狂，其中不無娛樂政治的成分，用此麻醉人民，不失為一種治國之道。競技場中血肉橫飛的場景，令觀眾觸目驚心。你認為身處其境的羅馬人會如何？

如競技表演、宴會、免費使用公共浴池等，甚至公共建物的資金亦由其包辦。

## 司法：法治文化

　　奧古斯都所建的政治體制本質上是從貴族集權變成元首一人集權（按：羅馬人明言反對東方帝制），但外表上仍需披上一襲古典共和外衣。這襲外衣使得羅馬政治依舊無法擺脫古典文化的羈絆，這對一人專政的禍害有所減輕。古典文化主要以希臘斯多葛學派主張的自然法為圭臬。古希臘城邦的法律是一種不保障非公民的法律，迨斯多葛學派力主自然法作為法學的原則，影響之下，「法律之前人人平等」的理念一直被高揭。羅馬人是使這老生常談落實到最低要求水平的第一批實踐者。

　　羅馬帝國境內種族繁多，原來的公民法通用範圍非常有限，一方面市場經濟發達，另一方面羅馬人與其他各民族來往頻繁，這之中人際糾紛時生，於是一體適用的萬民法應運而生。萬民法一則兼顧各民族的習俗，二則將原羅馬公民法所承自古代「十二銅表法」落後部分加以剔除。

　　羅馬法律與時俱進，包羅了共和時期的法官告示和法學家的詮釋，以及奧古斯都以降的元首敕令。特別是羅馬法學專家輩出，學派興盛，

自然法
法治起源於自然法思想。自然法思想認為，在人制定的法律之上還存在著自然法，這種自然法是普遍存在的根本性法則，是由事物的性質產生出來的必然關係（孟德斯鳩語）。自然法，就一般意義而言，是指全人類所共同維護的一套權利和正義。而制定法（實在法）不過是人類對這些自然法則的發現，是相對次要的法律。所以，法治承認人類制定的法律（實在法）要服從自然法。亞里斯多德指出，法治應該包含兩層涵義：已成立的法律獲得普遍的服從，而大家所服從的法律本身又應該是制定良好的法律。所謂制定良好的法律，就是指符合自然法則的法律。在法治之下，人訂的實在法和自然法之間保持一種平衡；當這兩種法發生衝突時，毫無疑問，實在法必須服從自然法。

享譽當時以及後代者少說也有一百之數，構成了世界文化史上法學最見
發達的時代。

還有，羅馬在訴訟法方面的完備，使它在陪審制度與律師制度方面
爲近代法制提供雛型。後代人不談羅馬則已，一談羅馬則將它與羅馬法
等同對待。

在如此周詳且適用性強的法律保障之下，羅馬境內自由民可以在各
地自由遷徙、旅行及通商，而不虞人身和財物受到侵犯。這是羅馬世界
帝國在人類歷史上的貢獻。


## 問題與討論

一、比較羅馬法和唐代律令，你發現有何中西差異之處？

二、中國人將republic一詞譯成「共和」，從中可看出中國人是如何認知republic
　　制的嗎？

# 第四章　世界三大宗教的興起及影響

　　佛教、基督教和伊斯蘭教等三大普世型宗教先後崛起,均於西元八、九世紀達於極致,這三大宗教主要分別流行於東亞、西歐和東歐,以及中亞和西亞。區域強權的大唐帝國、拜占庭帝國及阿拉伯帝國分別是這三大宗教的贊助者,宗教在政治權力護持之下愈發壯大。而政治權威不強的西歐地區,宗教勢力更是支配了所有的文化領域。後起之秀的阿拉伯帝國和伊斯蘭教夾在中國和東羅馬之間,是當時最先進的文明代表。拜占庭的文化守舊有餘、創新不足。中國則於吸收了外來佛教文化養分後加以改造,最後變成中國式佛教,然後再將文化輸出到其他東亞鄰國。這時尚屬文化落後地區的西歐還在學做文明人的階段,無法與上述三大型文化相比擬。

# 第一節　早期基督教的發展

## 永恆的加尼邱蘭山

西元一世紀，猶太人移居羅馬城郊的加尼邱蘭（Janiculum）山的某個處所，此處是基督教征服帝國的策源地。一九六八年一群羅馬高中生想效法當年基督教使徒的作為，在這裡創立一個世界性社團，他們只有一句口號：「福音與自由」。

如今這個社團的會員人數在義大利有一萬名，在其他世界各地亦有近似的人數。這個社團總部下設三所老人收容所、兩所愛滋病院，以及一所受虐待或遭遺棄的兒童收容所。他們經常協助貧困無依的人，光是每天提供一千五百份的熱食給遊民，便知他們的志工工作量有多大，遑論其他。

到底基督精神是什麼？何以在耶穌基督去世近兩千年的今天，尚能引領上述羅馬高中生投入關懷弱勢的工作？這正是我們試圖要解答的重點。

圖4-1　現存最早耶穌像為六世紀西奈聖凱瑟琳（Saint Catherine）修道院的作品。這幅畫繼承了葬禮蠟畫傳統，以熱蠟畫在雕刻過的木頭上（就像棺木蓋一樣）。這位作者利用刻過的木頭表面，使圖像有立體效果，因此畫像的眼睛好像直瞪著觀畫者。這種效果在平面仿製印刷品中便大為減弱。

## 經典的製作

在羅馬帝國的邊遠地區，一位年輕的猶太宗教領導人拿撒勒的耶穌，在那裡生活、

傳教，最後犧牲。他激進的宗教信息受到一小群猶太學生的擁護。他們
從耶穌那兒受到強烈的鼓舞，相信在他被釘死於十字架上之後，他已經
復活，並顯現為救世主。

　　歷史上很少有宗教像基督教一樣，在創教者慘遭橫死之後竟然還
可不絕如縷地傳揚下去。這多虧耶穌的門徒彼得等人的宣教工夫。但真
正使基督教運動朝嚴謹神學方向邁進的關鍵人物，卻是耶穌死後的仰慕
者保羅。保羅是小亞細亞東南部的人，從小接受完足的希臘文學、哲學
以及猶太經典的教育。他一直在思考耶穌生平作為及其意義，同時他周
遊羅馬帝國，努力將福音傳給外邦人。在他的宣教之下，耶穌不僅是猶
太人，而且也是全人類的救主，他的宣教工作充滿艱辛，遭嘲諷和鞭打
是常有的事，有時甚至身繫囹圄，更遑論旅行時的災病、折磨了。今天
我們看到他被收錄在《新約聖經》裡的書信，幾乎都是他寫給那些西行
途中所建立的耶穌集會團體，給他們更進一步的鼓勵、勸告和指示。因
此，保羅被譽為世界第一位傳道士。

　　保羅寫些有關耶穌生平之事時，約當西元初世紀的五〇年，相對於
今《新約聖經》四福音書的寫作，要在保羅之後的十年或更久的時間才
完成，人們對保羅所說故事的印象可能仍很鮮明，因此人們並未感到有
加以記載的迫切性。

　　保羅一直想將希臘、羅馬的異教徒納入猶太信仰，然此舉不但其
他傳教士有異議，而且連希、羅人士也不願接受猶太教的辯解。如此一
來，情勢迫得基督教人士必須與猶太人社群分離，而希、羅異邦人這才
開始在基督教信徒組成中取得地位。西元六十多年，保羅和彼得同時出
現在羅馬，並且都在皇帝尼祿的第一個反基督徒迫害期間殉教。這個雙
重殉教的史實使得新興基督教社會視羅馬為眾心所歸的城市。爾後基督
教會的總部傾向設在羅馬，而非耶路撒冷，與此事件不無關聯。

　　保羅死後，基督徒組成分子中異邦人比離散猶太人逐漸增多的趨

勢中，意味著經典潛在讀者群的改變。原來傳道的講法以猶太人社群本
位的方式面臨難以爲繼的窘境。四福音書中的《路加福音》應運而生，
更能滿足異邦人信徒的口味。從此，基督教擺脫了猶太人專屬的宗教格
局，變成沒有民族界限，而且能夠吸引羅馬帝國各種受苦受難者的普遍
性宗教。

圖4-2 彼得和保羅畫像，從最早期彼得和保羅的畫像開始，他們就被畫成有個性的
　　　真實人物，而不是因襲傳統的模式。這使我們認定，許多基督徒熟知他們二
　　　人，尤其在羅馬，他們兩人的晚年都是在那兒度過的。兩人當中，彼得（圖
　　　左）通常被畫得比較大，而且是圓形的、充滿同情心的臉，臉的四周是捲曲
　　　灰白的鬍髮。保羅（圖右）則較瘦小，通常蓄有尖形的鬍子，五官削瘦，總
　　　是禿頭。當藝術家的技巧夠好時，保羅的額頭上免不了地被添上因緊張而產
　　　生的皺紋。

　　　到了西元三世紀中葉，幾乎所有羅馬帝國的城市都已有了有組織的
基督教團體。據統計，這時已有基督徒六百萬人。這些人平時聚會研習
的經典，除了前述《新約》部分外，尚包含有猶太教的經典，這一部分
叫《舊約》。

## 征服羅馬帝國

到了四世紀初，羅馬當局仍在迫害基督徒，每迫害一次，教徒人數自然銳減，然一旦事件平息，信教者又紛紛來歸。殉教者慷慨赴死的勇氣激勵更多人信教。這時一件偶發政治事件使得上述基督教三百年悲情史為之改觀。

西元四世紀初，一位競逐帝位的軍人當用兵義大利時，以十字作軍徽，表示信奉基督教，獲得勝利。他於控有帝國西半部的翌年，西元

圖4-3　米爾芬橋之役一個場景，為現代畫家想像之畫。君士坦丁於西元三一一年抵達義大利，和另外一個「奧古斯都」──麥可西斯爭奪帝位。敵對兩軍在羅馬臺伯河上的米爾芬橋相遇，君士坦丁的軍隊藉助於隨時以船搭建的浮橋打敗了麥可西斯的軍隊。君士坦丁所率領的軍隊，旗幟上有象徵基督徒的標誌。

三一三年隨即與東部的得主聯名頒布「米蘭敕令」（Edict of Milan），讓基督教獲合法地位。這帝國西部得主後來還一統天下，十幾年後等到他臨死前數日，正式受洗為基督徒。這位羅馬皇帝就是君士坦丁大帝（Constantine the Great）。

同世紀末年，另一位基督教皇帝狄奧多西排除一切宗教信仰（包括羅馬固有神祇信仰），獨尊基督教為唯一合法宗教。凡禮拜非基督教神祇，或是違反基督教教義和儀式的，都要受嚴刑

圖4-4　巨大的君士坦丁大理石頭像

懲罰。這樣，在世紀初年橫受迫害的宗教，到同世紀末卻成了國家法定宗教，而且不僅如此，它還開始以國家力量來迫害其他宗教。

圖4-5　君士坦丁銀質紀念幣西元三一五年鑄造於提契努。

基督教成了羅馬帝國的國教後，組織機構大為加強。主教權力無限擴大，教會機制確立，聖經也獲得了權威的地位。基督教的勝利，宣告它最後戰勝了舊的宗教觀念和古典的世界觀。

## 政教關係

基督教取得合法地位後，固然可免於信徒受到迫害之苦，但在國家介入教會後，其前途又充滿不確定。基督教的教會組織是在羅馬當局予以迫害的前兩百多年間逐步形成。大致上，在個人信眾之外，神職人員中有主教、教士等級之分；主教的權限範圍大體與所在城市及其腹地相符合，並在他的轄區有任命教士、解釋教義之權。

迨基督教形成國教之後，教會組織益發與帝國行政區相配合，帝國省會的主教升高成總主教。當皇帝也是信徒後，他與神職人員之間到底要依違於世俗權力關係呢，抑或是教會系統下的教職人員與信眾的關係？而教會的政策到底要由教會或皇帝來判定？凡此問題，日後在西方歷史中不斷發生，因時代的不同而時張時弛。

由於後來皇帝權威所及只在東半部，所以東部的教會變成附庸於專制皇權的組織，而西部以羅馬教會為馬首是瞻，反而乘機恢復了當初獨立自主的地位。在羅馬帝國中，由於傳統語言和文化生活上保持一個東

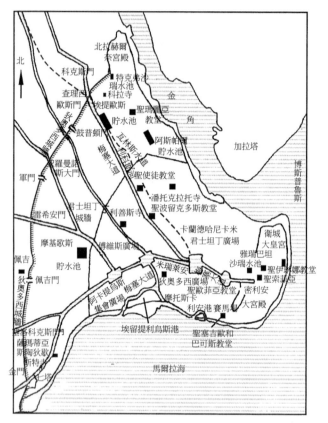

圖4-6　君士坦丁堡地圖。清晰可見整個城三面環海，只有一面有陸路可讓敵人進攻，而這一面地形狹窄，不利大部隊運轉。

部希臘和一個西部拉丁，東西教會的分化毋寧勢所必至。西部的教會史稱拉丁教會或羅馬公教會（Roman Cathlic Church），東部的教會稱希臘教會，或希臘正教教會（Greek Orthodox Church）。

## 羅馬主教地位的興起

　　羅馬主教因位處保羅等使徒殉教的聖地而地位特殊，再加上有彼得攜有入天堂的鑰匙之傳說，益發增強羅馬主教的分量。不過促使羅馬主教地位異乎同儕的關鍵因素卻是政治事件。

　　西元四○二年，羅馬皇帝因蠻族入侵避難他去，留下羅馬城交由主教進行善後，主教因而成為城中最有勢力的首腦人物。八年後羅馬又再遭劫。亂後，主教英諾森一世（Innocent I，四○二～四一七）以教會力量領導羅馬城的重建工作。他首先明揭羅馬主教為拉丁教會的至尊地位，凡一切教務概由羅馬主教決定。這就是羅馬主教取得教宗（Pope）的由來。

## 問題與討論

一、有人認為君士坦丁大帝在基督教史上的貢獻之大，是緊繼保羅之後的第二號人物。對於這樣的評價，你有何看法？

二、君士坦丁堡形勢天然，是個三面環海易守難攻的地理格局。但它千年來有兩次（扣除一四五三年亡於突厥人那次不算）被淪陷的紀錄。你想其中的問題出在哪裡？

三、耶穌死後其使徒創作經典方面，不以猶太語而以希臘語進行寫作。你想這是什麼道理？如果是基於東地中海地區是希臘語流行區，但西歐世界可是拉丁語流行區，何以還是採用希臘語？

# 第二節　拜占庭帝國的文化

## 「新羅馬」的誕生

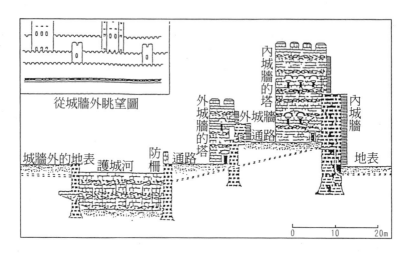

圖4-7　君士坦丁堡三重城牆剖面圖，在火砲未發明之前是堅強的城防建築。

　　羅馬帝國分成東、西兩部，有其行政管理和軍事國防的考量。西部中心在羅馬，有其歷史過程不難理解。但東部中心設在西元前七世紀希臘移民所建的古城拜占庭，則多虧君士坦丁大帝明智的選擇。西元三三〇年新城落成，並被取名為君士坦丁堡，從此乃成為「新羅馬」，並奠定了東羅馬帝國延續千餘年國祚的基礎。

---

**今天稱君士坦丁堡為伊斯坦堡**

君士坦丁堡這座城用希臘、拉丁語發音叫君士坦丁諾波里，尤其帝國後期與義大利人關係密切，更是被叫做君士坦丁諾波里。君士坦丁堡是英語譯音。至於今天我們稱它為「伊斯坦堡」，其實是君士坦丁諾波里的土耳其語稱法。

## 皇位繼承原則：多少擺脫家族血緣

　　君士坦丁是東羅馬帝國的開創者，不過他活著時尚擁有帝國西半部。在他當權之前的十幾年，帝國採二部分治，甚至發展到分由四人進行統治，我們稱之為「四分制」。但君士坦丁以西部之尊，擊敗東部後，完成一統大業，這又回到帝國分部治理之前的「王朝原則」了。王朝原則之所以恢復，與帝國西半部於西元五世紀落入日耳曼「蠻族」之手，亦不無關聯。意即，原來分部治理的條件隨帝國西半部的傾覆而不存在。東羅馬帝國一直存在皇位繼承的危機，每次新皇帝的產生，並非來自嫡長子這樣的明確原則，而是由軍隊和元老院的派系來主導產生。

圖4-8　查士丁尼像（中立者）六世紀拉維那聖維達爾（San Virtale）教堂半圓室中的鑲嵌畫上的查士丁尼和他的廷臣。

　　以君士坦丁的接班人產生為例來說明。君士坦丁在即將屆滿登基二十年的前夕，突然下令處死他事業的左右手，即其愛妻所生的長子，同時，不久後，君士坦丁亦殺害其愛妻。從此，他不再指定誰是接班

人。他死後，他的一個兒子被人擁護爲帝，這與君士坦丁是新皇的父親關係不大。然而，一般皇帝喜歡干預新皇帝的產生，這也是不爭的事實。所以，實際上還是有一些朝代產生。

君士坦丁殺妻害子的行徑使人懷疑他身爲一位名王的能耐。不過，後來東羅馬的皇帝中還有十位是以君士坦丁爲其名號的，這表示君士坦丁在皇室系統中仍備受推崇。皇帝的產生不是緣於老皇帝的血統和安排，而是在權力結構中受到推舉產生。這從中國文化角度來看，很難理解。新皇來自權力結構中眾望所歸的人，雖不見得都會出現稱職的人，但即使讓不稱職的人出線，害處也不大。這是因爲一方面東羅馬的皇帝集權於一身，有利於想做事的皇帝，另一方面元老院採集議制，想做壞事的皇帝所能施展的空間不大。東羅馬政權屹立不搖逾千年之久的原因固多，其中一個原因是皇位繼承不全遵守家族世襲文化。

## 劍芒掩映下的律學

在千年帝國的勢力消長上，六世紀中葉查士丁尼在位期間達到顛峰。他曾光復西半部失去的一部分，諸如義大利全部和西班牙南部，還有北非一些領土也恢復了。整個國土大致有黑海、東地中海的海域。查士丁尼除了恢復疆域之外，羅馬法的編纂更使他名垂千古。

《查士丁尼法典》（*Codex Justinianus*）的內容是一系列的法律整理工作。這部法典包含全部從共和以來的帝國法令，而去其重複、矛盾和已廢的部分。另一項則是關於法律判例的整理，完成之後叫《法例摘要》（*Digest*或*Panderts*）。還有一本類似訓練法官用的《法律原理》（*Institutes*），作爲上述二書的指引。《法典》、《法例摘要》、《法律原理》均爲拉丁文，加上後來以希臘文頒布的《新法》

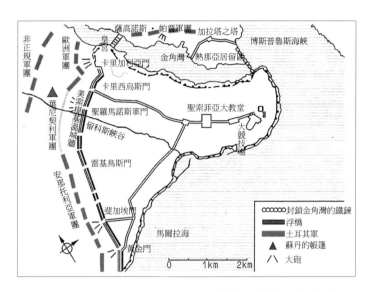

圖4-9　一四五三年四、五月的君士坦丁堡，土耳其人發動的海陸圍城之戰。

（*Novels*），合稱《民法大全》（*Corpus Juris Civilis*）。羅馬法律因查
士丁尼之功，而以明白、完整、有系統的形式傳於後世。它在後世形成
一大法源羅馬法系，至今仍是歐洲大部分國家的民法基礎。

## 帝國最後一瞥：國亡、教不亡

　　東羅馬的末代皇帝恰好叫君士坦丁十一世。西元一四五三年東羅
馬亡於鄂圖曼土耳其人之手。早在前一年，突厥人已著手攻打君士坦丁
堡。君士坦丁十一世向教宗求救，表示願意在信仰歧見上讓步。西歐各
方代表於一四五二年十二月十二日齊聚君士坦丁堡，參加東西教會聯合
的儀式。

　　促成這次東西教會的聯合，是一位東羅馬人皈依羅馬教會的樞機主
教伊希多洛斯。他早年曾奉命出使教廷，到過佛羅倫斯城、威尼斯等文

化名城，感受到後來稱爲文藝復興時代的新潮流，並獲知義大利的學者在尊重拜占庭文化之餘，更發展屬於他們時代的知識。他肯定西歐有其新鮮的活力，不可以粗鄙無文視之。甚且，他堅信要挽救祖國免於突厥人的鐵騎，只有按照西方教會的要求與之聯合。他的看法贏得拜占庭帝國統治者和不少知識階層人士的贊同。反對他的主要是修道士和一般民眾。

反對力量領袖是一位教育家喬吉奧斯。他也曾出訪義大利，也感受到新時代的氣息。但他認爲，帝國爲了倖存，倘抹平希臘正教與羅馬公教的差異，勢必導致希臘正教教會的一再分裂，這時加上族群因素抬頭，就會讓希臘人、斯拉夫人、亞美尼西人等等，這些文化人群單位成爲該社會的主流勢力，亦即原來整個社會賴宗教得以凝聚的基礎爲之動搖。他還認爲，即使君士坦丁堡陷落，帝國滅亡，那也是神的安排，爲的是懲罰拜占庭人爲了國家而拋棄希臘正教。換言之，喬吉奧斯堅持主張，與其讓宗教消失，倒不如讓異教徒來統治。

伊希多洛斯與喬吉奧斯兩人代表的正是當時東羅馬人兩種不同文化態度，此後的世局到底受何種態度支配呢？東羅馬滅亡之後，突厥素檀深刻認識到，讓熟悉大城市運作的希臘人留在君士坦丁堡才是明智之舉，即使因此允許希臘人有信教自由、人身安全和自由亦在所不惜。

喬吉奧斯因感於素檀的誠意，乃接受征服主的任命，成爲君士坦丁堡的希臘正教總主教。此舉讓喬吉奧斯成爲希臘人世界最高的精神導師。也就是，一四五二年東西教會聯合構想已因帝國淪亡而胎死腹中，喬吉奧斯所領導的反聯合行動反而成功了。希臘正教並未因突厥人征服拜占庭而在當地絕跡。四百年後，希臘人擺脫突厥人而獨立。這證明喬吉奧斯的構想要比伊希多洛斯那種只要能救國，寧可宗教妥協的想法，是更爲正確的事實。

## 建築與文學

東羅馬滅亡後再回頭省視帝國的文化，我們還是經由喬吉奧斯的指引，進入其文化世界。喬吉奧斯曾說：「東羅馬的稱呼是錯誤的，……君士坦丁大帝……在此創建的，是一個……在建築、法律、文學等各個方面始終保持獨立的精神帝國。……對於拜占庭人而言，宗教和政治的完全一體化，是他們的政治信念和思考方式的必然前程。」

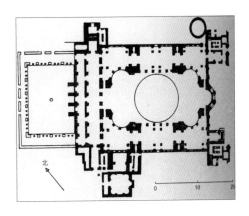

圖4-10　聖索菲亞大教堂建築詳圖

法律已略見上述，現在談點建築和文學。最能代表君士坦丁堡中卓越建築的，要數聖索菲亞（Hagia Sophia）大教堂為最著名。前述一四五二年的東西教會聯合儀式，就是在該教堂前的廣場舉行。這座教堂吸納了古代希臘、羅馬、巴勒斯坦、埃及、波斯的建築藝術，是東西方文化融會的結晶。其主要特色是把圓頂的原理應用於方形建築，巨大的圓屋頂蓋立於由四個拱臺支撐的四個拱門

圖4-11　聖索菲亞大教堂外觀。君士坦丁堡聖索菲亞大教堂，五三二～五三七年。清真寺的尖塔是東羅馬亡國以後加上去的。

素檀
參見本章第四節頁105方塊。一般人多譯作蘇丹，但如此易與今非洲蘇丹國產生混淆。

之上。教堂內部飾有色彩絢麗的白、綠、黑、紅大理石鑲嵌圖案。聖索菲亞大教堂是拜占庭藝術的開端，也是其建築藝術的巔峰之作。

　　拜占庭人對於宗教用心的深刻，已可從前述喬吉奧斯的行誼略窺一二，也可從他們的教育和文學見之。舉凡基督教的《聖經》、教會大師的著作、希臘古典文學等，都是拜占庭人模擬的範文。此處必須指出，《新約聖經》是猶太人用希臘文寫作的作品，而西歐羅馬教會所用的《聖經》是拉丁文的譯本。拜占庭人的學術表現集中在對希臘古典文學廣作注疏，而文學創作用語則以典雅的古希臘語為準繩。拜占庭的知識階層產生大量博瞻的歷史和神學著作，以及一種優美的書簡文學。喬吉奧斯晚年寫有一本書《關於君士坦丁堡的攻陷——給堅持信仰者的一封信》，很能代表此處所說的文學風格，又，這封信以書的形式呈現，真是古今少見的一封長信。

圖4-12　聖索菲亞大教堂內部。伊斯坦布爾（君士坦丁堡），五三二～五三七年。使用穹隅以支撐巨大的圓頂是重要的技術進步，並為基督教儀式的慶祝活動創造了一個巨大的、開闊的空間。觀眾，嚴格來說是「聽眾」，隱藏在祭祀壇屏飾後面。

# 問題與討論

一、清初顧炎武說：「有亡國，有亡天下。」所謂亡天下，指的是文化大國其優
　　越的文明為軍事強權的異族所滅。你認為喬吉奧斯的想法與顧炎武有何類似
　　之處？中西兩位學者無獨有偶在面對亡國的問題上共同作出什麼樣的回應？

二、君士坦丁堡的地理和建築等優點不堪火砲攻城戰術的摧殘，終於陷落。在這
　　項新戰術未發明之前，很少有屹立千年不亡的政權。請就首都在地理形勢和
　　建築防衛這點，試取東羅馬君士坦丁堡比較漢、唐長安城和元、明北京城，
　　東、西方的首都防衛能力高下如何？

三、伊希多洛斯認為西歐會是西方文化未來的主流，何以課文又說喬吉奧斯的構
　　想是正確的呢？你認為這裡面還有什麼問題需要說清楚？

**拜占庭藝術**
延續十一個世紀的藝術。從西元三三○年君士坦丁大帝在前拜占庭舊址上建立君士坦丁堡起，一四五三
年鄂圖曼人（Ottomans）占領該城為止，拜占庭藝術延續了十一個世紀。此期間，它不斷的演變，也曾
發生中斷。然而，除了表現手法上的多樣性之外，它始終具有某些典型特徵，並保持著本身的一致性。

**色彩的追求**
此外，當時藝術家們的喜好，大都趨向王公貴族式的喜惡，促使藝術家們創作出一些色彩鮮豔的作品，
即是以金黃色、紅色、藍色與綠色和黃色競相爭妍。

# 第三節　中古時代前期的歐洲

## 莊園的出現

自從五世紀末羅馬城陷於日耳曼族之手，到西元一〇〇〇年，是一統世界不存在的時期，一般稱之為中古前期。此其間，原先羅馬法、羅馬行政制度與羅馬商業全部消失，整個西歐分裂成數以千計的小規模地方團體。這類團體乃是大規模自給農業社區，是當時社會和經濟的基礎，並有個專有名詞：「莊園」（Manor）。並不是說這類新生事物完全取代了原有的市鎮，而是它的重要性超越舊有事物。

莊園有其經濟和政治雙重意涵。在經濟上，莊園是由土地主的領主和從事耕作的佃戶所組成。在政治上，莊園是一種「封邑」（Fief），是領主授與其武士的土地。後一種意涵就是人稱「封建的」（Feudal）與「封建制度」（Feudalism）二詞之所本。

中世紀的農民和工匠都生活在莊園中，是當時社會的穩定多數。他們一輩子很少踏出莊園一步，每個人的世界就是那塊莊園的田野，除非不幸染上痲瘋病，或是被判定精神異常，才會離開莊園他去。

圖4-13　用旗標封地的儀式。查理曼以西班牙邊境授予羅蘭（Roland）。據十二世紀雷根斯堡的康拉德（Konrad of Regensburg）的《羅蘭之歌》（*Rolandslied*），海德堡大學圖書館，帕拉蒂納特日耳曼語手稿112號。

## 教士與文學退化

在封建制度籠罩下的西

歐，更將從前庇護—依附的社會關係推向一個高峰，是依附關係較諸從前更見發達的地區。日耳曼人在統治文化上一時做不到中央集權式的效能，一切只有仰諸各級分封政治單位，實際對民眾進行統治。而各級分封政治單位的擁有者是由家族世襲原則產生。這樣說來，這是一個沒有家世背景便無法抬頭的社會。

然而，事實也不盡然。日耳曼人雖握有政治世襲的權利，但因係文盲，必須借助通曉書記技能的人來遂行行政工作。在當時，會寫字的人非教士莫屬，他們是文學文化的獨占者。這樣的人是具有偉大的知識與行政長才的潛在人力，可憑藉教士身分獲致崇高社會地位，甚至政治地位。上一節述及的伊希多洛斯便是教士出身，他從東羅馬跑到西歐去發展，改皈依羅馬教會而做到樞機主教。他周旋於羅馬教廷與拜占庭宮廷之間，他的政治影響力已不是原先的教職所能涵蓋。

不過，我們也理解到，行政工作的文書處理動用到的是一種實用文體，與講究美感的文學文體還有一大段距離。亦即，當時社會所求於文字表達的，需要的只是行政記錄及其後續的建檔管理。當時不僅君王貴族無能欣賞美文，連同知識學者也是如此。這樣，莫說像從前西塞羅般的文學高手未之一見，即相較於同時東羅馬的典雅文學也瞠乎其後。有位主教的作品，其筆下人物彷彿是一群任性的兒童，而文字工夫欠佳更不在話下。

整體說來，文學傳統即使不絕如縷，但頓形落後的格局是彰彰在目的。

---

**大史家的疑惑**

西方研究封建制度的權威史家馬克・布洛克（Marc Bloch）在比較歐洲和日本的個案之後說：「封建制度不是『在世界上只發生過一次的事件』。像歐洲一樣——儘管有著必然的、根深柢固的差別，日本也經歷了這個階段。其他一些社會是否也經歷了這個階段？如果經歷了這個階段，原因何在？這些原因是所有這些社會共有的嗎？」你可以幫我們大史家釋疑嗎？

圖4-14　授予新騎士武器。青年奧法從國王韋門手中取得武器；巴黎馬特
（Matthew）鋼筆素描畫《奧法・勒熱生平》（*Historia de Offa Rega*），可
能是作者本人所作（約在一二五〇年）。英國博物館，棉織品手稿，尼祿
（Nero）D1，第三張。

## 武士與文質化的文化苗頭

封建社會還有一種人可以力爭上游。由於各個政治團體之間爭強好
勝，各地烽火不斷，擁有戰鬥天分的人亦可躋身統治階層而成為貴族。
法蘭克王國在建國過程中，擅長戰鬥的人就被吸到這裡來，他們往往憑
藉軍功而改變其出身。不過，隨著社會文質化日近，戰鬥人才的需求量
則日益減少。這不是說社會不再需要武士，而是武士的認證不是經由能
力，而是根據家世和血統。

以上偃武修文的趨勢非常漫長，要到中古後期整個文質化，才大勢
抵定。這個時期的武士雖說是戰爭機器，但這類人亦表現出某種文化情
操，不容我們忽視。他們的文化情操是一種武士精神（Chivalry），這指
的是一群武士忠於其首領和上帝的規範。他們信守對上帝的信仰，認定

祂是無上權威。他們的信仰又與教士的信仰不同，沒有後者在神學和倫理學方面的苦惱，只單純地期望升天堂和恐懼下地獄。

　　武士於這個時期的英勇事蹟要到十一世紀以後才為人津津樂道，亦即武士文學是後於武士鼎盛時代的產物，也是後人事後追記的作品。這類作品只能說後人將其理想投射在從前的武士身上，而無關過去武士的實際作為。像歌頌查里曼大帝戰功的《查理曼本事詩》、記述查理曼軍隊於征服西班牙敗戰的《羅蘭之歌》，以及關於英國亞瑟王及其圓桌武士的《亞瑟王》等，都是早期武士文學的代表。這些書都在頌揚武士的高貴人格，一洗一般人對武士蠻橫和暴力的負面印象。


## 三位一體之爭

　　上一節述及喬吉奧斯反對拜占庭教會屈從於羅馬教會一事，其中主要癥結無非是信仰上的「三位一體」之爭。這需要細說從頭。

　　《聖經》的拉丁文譯本出現於西元四世紀，這在區隔希臘文《聖經》上起了關鍵作用。一些研究《聖經》的拉丁學者開始對《聖經》內容進行詮釋、推理和演繹，他們認為，靠人的能力不可能認識上帝，要認識上帝只有通過信仰。在這些拉丁學者中，聖奧古斯丁（三五四～四三〇）是集大成者。他的著作幾乎對基督教神學的重大命題都做了論證，還進一步把哲學和神學結合起來，使教義更加理論化、系統化。

　　上述學者加上後來的神學家對一個極為重要的信條——「三位一體論」——不知發表了多少著作。三位一體指的是聖父、聖子、聖靈三位是一體的。對於這一信條，不同的人就有不同的理解，從而成為各派別分歧的根源。聖奧古斯丁論述了人們與生俱來的罪，無法靠自己的力量得到救贖，只有靠上帝的恩典方能得救。上帝如何恩赦人的罪過，需要

的是一位神、人之間的中介者。這位中介者不是別人，正是聖母馬利亞聖靈感孕而生下的耶穌。耶穌為拯救人類而死，是人類虧欠上帝一筆無法償付的債。耶穌為世人贖罪是無量功德，如今這無量功德儲存在教會聖庫裡。這樣一來，耶穌的赦罪功能變成了教會的赦罪功能，歸根究柢就是以教宗為首的神職人員的赦罪。神職人員變成了上帝在地上的代表者，教會攫取了非常大的宗教權力。

在中世紀教會裡，出現了一種向神職人員私下告解和懺悔的方式，神職人員根據罪過的性質和情節，按照標準給予懲罰，或守齋或誦經，限定時間和次數，令信徒自行執行。但有的罪孽深重，雖死亦難以補償，於是有兩種變通辦法應運而生：一是加重苦行程度，相應地縮短苦行時間；另一是向教會奉獻財物，從而亦縮短苦行時間。後一辦法為教會腐敗敞開大門，從此人們只要有錢就可贖罪而登天堂。

在三位一體的看法上，拜占庭的教士和學者與以上西歐的同道有著很大的爭執。東方教會向來強調，耶穌基督是人性的傳統。耶穌是人，不是神，係由上帝所造，其品級低於上帝。這種主張導致反對「三位一體」的信條。君士坦丁大帝成為基督教守護神之後，從此介入這一紛爭，一直到他去世，都不得安寧。他與西歐同一步調，抑有進者，他有權判定東方教會的看法為異端。但即使他立場堅定，後代東、西教會為此召開無數次會議還是沒有共識。西元一○五四年，東、西教會為此終於徹底分裂，而各行其是。前述一四五二年十二月十二日聯合一致聲明是政治性的，何況不久後，東部教會是在異邦下求生存。

# 問題與討論

一、假如你生在中古前期，而且是一位教士，你會如何面對你的信眾、你的教會
　同道、識拔你的君主、遭遇到的武士，以及阿拉伯人異教徒？請構思一個故
　事，裡面角色包含上述各色人等。

二、耶穌是人還是神，在基督教內部引起千年爭議，就中國文化中神是由人變的
　這個角度看，倘依東正教所說，信奉的對象是人不是神，這樣的宗教還能算
　是宗教嗎？你會如何理解這樣的事情？

三、日耳曼蠻族進入羅馬世界後使得既有文化水準倒退不前，你認為文化建設與
　政治秩序之間存有什麼樣的關係？

# 第四節　回教的興起與阿拉伯世界的文化

## 阿拉伯風情

我們對阿拉伯文化的認識，多半集中在圓頂加尖塔的建築和到處林立的公共澡堂。阿拉伯風的建築乃揉合了羅馬式建築和哥德式建築而另闢蹊徑的結果。公共澡堂的重視源自伊斯蘭教的清潔觀，據說十世紀的巴格達有澡堂六萬座，平均每二十五位居民擁有一間澡堂。從七世紀起具有舉足輕重的阿拉伯文化，有其生氣蓬勃的一面，阿拉伯人融舊鑄新的文化風格，可從十一世紀推廣咖啡飲料、到後來加入茶飲料略窺一二。今天大多數中東城市空氣中瀰漫一股茶香和咖啡味，是有其悠久傳承的。

## 伊斯蘭教的創立

西元六二二年，阿拉伯半島上政、經中心的麥加城內，一位受豪族壓迫的新興宗教領袖出亡兩百一十八英里外另一個綠洲城市（後來改叫做麥地那）。任誰也沒料到這樣的出亡行動會讓一個地方小教變成一種普世性大宗教。

這位新興宗教的領袖叫穆罕默德，被其信徒稱為上帝所遣的最後一位先知。這年他五十三歲，已傳教十三年。再經過八年的奮鬥，他帶領徒眾光榮返回麥加城。這可說占領了他應許之地，而不同於猶太教的摩西和基督教的耶穌，後面兩位在去世時，他們信眾還在向應許地前進中。

穆罕默德於現世得到勝利與權力，不但行使政治上的權威，也同時行使先知的權威。他行教的目的首重恢復先前列使勸示過、卻被揚棄或

扭曲了的真正一神教，其次是廢止偶像崇拜。他去世時，他的先知使命已經完成。信眾們相信，在他之後不會再有先知，也不會有上帝進一步的啓示了。儘管他是上帝的傳道人，也是上帝子民的領袖，但他自己沒有神性，也不是永生的。

他生前的垂訓有賴其親信弟子比對各自筆記，並花費二十三年時間才定稿而結集成書。這就是伊斯蘭教經典定本《可蘭經》的問世。他死後還有一個繼承問題有待解決。由於他未指定繼承人，只好暫由其親信四個派閥領袖輪流擔任「哈里發」教職。這一職務並不具備教宗的功能甚或是主持聖事的功能，因此他的職責不是說明信仰，也不是詮釋信仰，而是奉持信仰與保護信仰。哈里發所要做的是拓展宗教邊界、使全世界都在伊斯蘭教光明的照耀之下。這就涉及阿拉伯人四處爭戰的擴張了。

## 語言政策和殖民統治術

阿拉伯世界中所謂有教養，指的是可以優雅地操用可蘭經式語言的人。於是，教育程度在這個社會裡，具有特殊的意義。先是阿拉伯語，然後加上波斯語，最後加入突厥語湊成三種語文，界定了伊斯蘭教中東主要地區的文化認同，爲三種文化的士人階級，帶來文化與道德修養方面高度的一致性。而社會中的特權族群由於有共同的書寫語文、共同的古典與經書傳統，以及從兩者導出的一套共通的莊重和諧——即舉止和禮數的規範——而整齊一致。這一切並無礙於一般民眾用的是五花八門的土語方言。

在阿拉伯世界裡，人們習慣了語言的一致現象：上舉兩、三種主要語言不僅像西歐拉丁語般做爲窄小的教士階層的溝通媒介，而且也是廣泛交流的實際工具，全面補充方言土語之不足。

　　附帶一提地，阿拉伯的書寫體文字也跟中國方塊文字一樣，除了表意功能外，也有藝術的功能。可蘭經標準本產生後，更在傳統書法體的基礎上，又創造出許多具有地方色彩和書家個人風格之變體。這種熠熠生輝的書法藝術是需要和宗教息息相關的。阿拉伯人認為，一手好字有著彰顯眞理的神祕作用。

　　阿拉伯人征服西亞和北非廣大地方後，面臨非用當地語進行統治的困境。經過半個世紀後，各地前朝文書官吏通曉阿拉伯語，而阿拉伯人也熟悉各地文書簿記的工作。事情發展到了這一地步，「新領土」開始了「阿拉伯化」。國家管理機器的「阿拉伯化」、其進程是緩慢而艱巨的。

　　改革過程曾引起各地人民的劇烈反抗。敘利亞和伊拉克兩地由於當地正式語言是過去殖民主國拜占庭和波斯的語言，推行新殖民主國的阿拉伯語較爲順利，人民的反抗也較爲緩和。相反地，埃及人對原來用語的深自眷戀，曾激烈反對阿拉伯語的推行，直到八世紀四〇年代才完成「阿拉伯化」。

　　新殖民地達到「阿拉伯化」目標之後，阿拉伯人的殖民統治更加順暢。原來阿拉伯人對於國家管理機器的態度，有個矛盾的地方。阿拉伯人一方面按照宗教教義，相信治國機

圖4-15　自左上方順時鐘依序是：拜占庭皇帝赫拉克利朝（六一〇～六四一）錢幣；烏邁耶哈利發穆阿維耶朝（六六一～六八〇）錢幣，烏邁耶哈利發奧都馬力朝（六六一～七〇五）錢幣，他在六九六年引介了阿拉伯的錢幣制度；阿撥斯哈利發哈倫·拉施德朝（七八六～八〇九）錢幣；以及阿拔斯時代的錢幣。

制是上天授命的體制，維持天下秩序、達成上帝目的，都有賴於它。然而另一方面，他們又將治國機制普遍視爲邪惡的東西，參與國政就會被玷汙。這種矛盾的心理反映的是政府和天堂不能合而爲一的想法。現在殖民地的人既然都會操用阿拉伯語，讓他們進入政府部門當文書官，這樣阿拉伯人就可減少受玷汙的機會。這有點像中國中古時代南朝士族，只想居高官卻不管事，行政事務概由寒素人士擔任。因此，哈里發鼓勵各地文化人士來擔任公職。站在被殖民者立場看，擔任公職既有好的收入，又能提高身分，何樂不爲？最後連抗爭最力的埃及人都爭先恐後去學阿拉伯語以便擔任公職，其他各地可想而知。

到了第十世紀，阿拉伯語已經在西亞和北非舊文明地區完全普及。千餘年來，二十幾個阿拉伯國家和地區不論公私都使用阿拉伯標準語，甚致跨越了種種不同歷史背景的藩籬，這可是人類文化史上的一大奇蹟，這可歸功於殖民主釋出公職給被殖民者，以及神奇的阿拉伯語統一工作。

## 豬隻阻止穆罕默德

我們再回到文化帝國擴張的主題。信仰和帝國的雙重擴張得力於被殖民省分民眾的協助。就民眾眼光看來，新殖民帝國的要求不多，而且較爲寬容，因此比起舊殖民帝國要受歡迎得多。阿拉伯的稅賦要比拜占庭抽取得輕，對於皈依伊斯蘭教者尤其低，就一般大眾而言，也是很輕。

---

素檀（sultan）

此詞今通譯爲「蘇丹」，但與今日sudan國無關。後者中間無/l/音。素檀的字根來自亞蘭語的sultana，而與此相關的另一字selet，統治之謂也。這個稱號是由史家專門指稱那些政權不是哈里發式的前代主政者。這個稱號從十世紀以來一直代表掌握無上權威者，且沿用至今。

　　阿拉伯殖民主進行的是少數統治，作爲國家鎮制力量的軍隊只能做重點駐紮。阿拉伯人把主要軍事基地和行政中心建在沙漠與農耕世界的接壤處，這些地點後來就形成新的城市。這些城鎮就是從前唐朝的安東都護府、北庭都護府，以及安西都護府。這些城鎮用阿拉伯話說是「邊城」的意思。「邊城」在政府以及各省最終被阿拉伯化的兩件事上，有著核心的重要性。

　　各個邊城的核心是軍營，那些身兼戰士與殖民主身分的阿拉伯人，依部落統屬，居住其間。核心周圍興起了一座外城，外城中有工匠、店家和各色人等，都是當地的被殖民者，照料著阿拉伯統治階層、軍士及其家庭成員的多方需求。這有點像中國史上滿洲八旗軍駐防要地營區的景象，只差各地滿洲軍眷後來反爲被殖民者所同化這一點，有異於阿拉伯的駐防軍。

　　如前所述，這些民衆因形勢所需學會了阿拉伯語文，也受到了阿拉伯的品味、態度與觀念影響。阿拉伯人的兵鋒所及，到達西班牙、巴爾幹半島，以及中國西部。

　　然而，「豬」訂下了伊斯蘭教擴張的地理極限，阿拉伯人在統治食用豬肉的民族上敗下陣來。伊斯蘭教的信念並未在這些養豬、食豬的民族之中扎根。


## 主導世界貿易的興衰

　　阿拉伯人的勢力不僅存在其帝國內部，她的經濟力量更是伸展到帝國之外的其他世界。原來在拜占庭和波斯兩帝國長年爭戰不斷之下，阻斷了東、西方世界的國際貿易，如今這個障礙因阿拉伯帝國的建立而排除，以地處東西交通孔道的地理優勢，從此主宰了世界貿易。阿拉伯

人追尋貴重金屬與開採貴重金屬，雙雙鼓勵
了，並有助於廣大行銷體系與廣大交換網絡
的發展。同時，原屬拜占庭和薩珊兩帝國的
金、銀幣都還在使用，導致實質產生金、銀
兩本位的經濟以及貨幣兌換體系。由於必須
在廣大地區進行大規模的貿易，兌換業者發
展出一套分工細密、結構複雜的錢莊體系。

後來阿拉伯人經濟的勢微是由一些物質
因素造成的。第一，貴重金屬礦藏枯絕導致
銀根短缺；第二，軍事貴族把持朝政，既不
關心商業，也不重視生產；第三，西歐在科

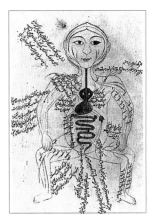

圖4-16 十七世紀波斯醫
藥書籍中的插圖

技、財政和商業方面的進展，使得西方商人擁有工具、資源和技術去主
宰中東各個市場。

## 教育提升文化

阿拉伯世界有三大文化中心，代表她教育水平的極致。成立於九世
紀的巴格達智慧宮（house of wisdom）是眾多高等學府的第一所，更是
西方世界的學術重鎮，帝國各方學術人士雲集於此。醫學特別發達，在
第十世紀巴格達城中就有八百六十位取得證書的醫生。

十到十三世紀的開羅艾資哈爾大學，則是阿拉伯文化的聖地，大學

馬德拉薩（madrasa）
阿拉伯政、教緊張有賴教育機構（即馬德拉薩）而有所鬆弛。那是某種意義的神學院或是學校，伊斯蘭
教徒高等教育的主要中心。這些中心附屬於某些清真寺，基本上是研究宗教學科的，但研究的不盡然
全是宗教學科。馬德拉薩和在中古歐洲興起的主教座堂學校一樣，關切的是宗教和律法，後來逐漸世俗
化，成為普及教育的主角，和西方世界的學校與大學一樣。

圖4-17　駱駝商隊，十三世紀插圖。

中的學科設置和教學規模，幾乎可以與後期希臘的亞歷山大城匹敵。該校藏有圖書上百萬冊，至今仍是阿拉伯世界的最高學府。

　　坐落於西班牙的科爾多瓦大學同樣興盛於十到十三世紀時期，該校網羅東西方學者，進行各種研究。西歐各國君主，甚至基督教教會，亦不惜巨資協助學人到科爾多瓦學習。許多拉丁語譯體的圖書都是在此製作、生產，並流通於西歐社會的。

　　一流的學府孕育許多一流的學術人才。抑有進者，古今學術和東西文化精華都匯聚在這三大文化中心。到了十四世紀出現一位世界史史家，叫拉施德丁（Rashld al-Din，一二四七～一三一八），著有《歷史彙編》，內容涵蓋西起英格爾、東迄中國的世界大歷史。他企圖編纂一部涵蓋本身文明以外地區的世界通史，這樣的雄心壯志超前歐洲有五百年之久。這樣的教育結晶在我們明瞭阿拉伯人重視教育，而且重視開創的文化這一點之後，絲毫也不令人意外。

　　饒富創意的阿拉伯人不只擁有《一千零一夜》文學作品，它充其量只是廣納百川型阿拉伯文化中的九牛一毛。

# 問題與討論

一、在冷戰結束後的世局，有學者研判未來世界對立的主軸將是以宗教為分際的基督教文化與伊斯蘭教大對決。對於這樣的看法，你認為背後存有何種對阿拉伯人的偏見？

二、認識阿拉伯人的殖民主義之後，你能否以此做參考點，進一步對鮮卑人、蒙古人及滿洲人殖民中國的歷史有新的看法？有的話，那是什麼？

# 第五節 佛教的傳播

## 玄奘於高昌受到隆重接待

　　玄奘西行途中，有一天來到高昌王城的時候，已經是半夜。高昌國王聞報，與侍人前後列燭出宮，迎玄奘入後院，坐一重閣寶帳中，殷勤接待，過了一會兒，王妃也來禮拜。翌日，王偕王妃來看玄奘的時候，玄奘還未起床。玄奘在此停留十餘日，國王苦勸玄奘留下來擔任國師，未果，只好與玄奘結為兄弟，並請玄奘講《仁王般若經》一個月才放行。國王送給玄奘於旅行途中花費各物足夠二十年往返之資。此外，國王還為玄奘寫有致途中各國相關的信件二十四封，請求各國協助。臨行那天，玄奘所受歡送場面之大，我們今天很難想像。高昌國在國際外交關係上親突厥而疏唐國。然則何以一位由唐國潛行出關的和尚會在異國享有國賓級待遇呢？這是佛教信仰跨越國界的神奇效力。

## 佛教的創立及其本土的發展

　　佛教出生地是玄奘正欲前往的印度，這時佛教在世上已存在逾千年之久。佛教的創立者釋迦牟尼（Sakyamuni, 西元前五六三～四八三）原姓高達瑪，釋迦牟尼是後人送給他的尊號，釋迦為族名，意即釋迦族的聖人；他得道之後成為大智大覺的人，因而又叫「佛陀」（Buddha），即「覺悟者」的意思。他可能是部落酋長的兒子，也可能是貴族子弟。釋迦牟尼年輕時生活奢侈，極盡聲色之娛。後來似有所悟，乃辭別親人，出家而去。經過六年的苦行，終於在一棵菩提樹下得道成佛，時年三十五歲。他後來就去傳道，足跡不出恆河平原一帶，收徒不分階級及宗教信仰，在八十歲時去世。他的弟子將他所說的教義整理成經、律、

論三藏。

　　佛陀去世不久，就成為被崇拜的對象，人們在他生前的遺跡旁建立寺廟。西元前三世紀時，他已被人奉為神明的化身，為了拯救眾生而來到人間。他更被說成是塵世外的一位神，叫阿彌陀佛降臨人間的化身。阿彌陀佛是西方極樂淨土的主宰，接待信徒死後之往生。類似阿彌陀佛的神還有多位，他們所居淨土，上鄰涅槃聖境，下接塵俗凡界。

　　根據佛陀的教誨，可以讓人解脫的方法並非祈禱、恩寵或犧牲祭獻，而是知識。知識是要靠人去追求才能獲致。信徒們取而代之的是尊佛陀為神，於是供奉諸佛的神廟大殿紛紛出現人間。信徒們不去信從佛陀教示的真知，改以信仰佛陀，於是僧團制度出現，成為佛教思維的裝襯，並遮掩了信徒對自己力量喪失信心的後果。

圖4-18　此圖表現摩耶夫人夜夢菩薩乘六牙白象前來投胎的情節。菩薩雲髻寶冠，上身袒裸，坐於象背，侍從前後相隨。大象腳踏蓮花，天人承托奔騰於空。象前有乘龍仙人引導後有天人護衛。成群伎樂飛天奏樂散花，披巾飄帶迎風飛舞，天花亂墜，祥雲瑞氣，將整個畫面裝飾得五彩繽紛，喜氣洋洋。大乘佛教有神化佛陀的用意，往往以佛陀本生故事來表示佛陀的偉大。這點不同於小乘佛教著重佛陀的歷史上人性面。

## 佛教的南傳

在基督降生的前後幾個世紀中，佛教分爲北傳和南傳兩支，即大乘（Mahayana, great vehicle）就是載人渡過輪迴之水以抵達解脫之岸的大筏，與小乘（Theravada, lesser vehicle）（小筏）兩派。小乘佛教較爲清純，也較接近教源；相形之下，大乘佛教似乎落入宗教的實際形式。小乘佛教使用民眾語言，包括印度的巴利文（Pali）與摩揭陀（Magadhi，佛陀最早傳教之地）文。佛教南傳這一支，在西元後一千年內原先是不分大小派的，但到了十一世紀，緬甸國王阿那拉塔（Anawra tba）改信小乘佛教，並迅速把它推廣到鄰國，成爲緬甸、泰國、寮國、柬埔寨人民的重要信仰。唯一例外的是越南，大多數人相信修正過的大乘佛教。我們應該知道：今日尚存續於錫蘭與東南亞各國的小乘佛教並無任何新的貢獻，它只是把傳統的資料引介到現代而已。

## 佛教的北傳

大乘派擁有菩薩 [ bodhisattva，準佛陀（Buddha in the becom-ing）] 的概念。根據這個概念，積有功德的人士能夠「拯救」別人。這種偉大靈魂會再生於比較高的層次，直到涅槃或者證道成佛。大乘佛教使用的是梵文。從西元第二世紀起，大乘佛教傳播到中國，然後推廣到韓國、日本、越南、臺灣等地。

圖4-19　飛天（《說法圖》局部）。飛天展現憑空而飛的美麗舞姿。舒展的四肢，飛揚的飄帶，肌膚圓潤，質感細緻。整幅畫面飄逸流暢，不失爲一幅傑作。敦煌研究院提供。

前述玄奘在七世紀初旅次高昌之事，
涉及到佛教在中國茁壯之前，中亞地
區的佛教曾經是中國佛教的導師這一
事實，亦即印度佛教輸入中國靠的是
以中亞爲橋梁。

　　佛教向中國傳播有兩種媒介，一
是中亞各國譯經僧攜帶經、像進入中
國，另一是中國取經僧前往印度帶回
經、像。傳播佛教需要兩件法寶，一
件是記錄和宣揚教義的文字材料——
經、律、論；另一件是幫助和加深理

圖4-20　中亞犍陀羅藝術風格後來
融入中國塑像造型藝術之
中。

解教義的形象材料——佛像與佛教故事圖畫。特別是佛教初傳階段，中
國人信教是被形象、通俗的東西所吸引，佛經還是以後的事。

　　最早記載有禮敬佛像之事，發生在三國時代吳都建業的第一座佛
寺，佛寺主持是父母旅居印度多年的康居後人康僧會，由海路來到中
國，他隨身攜帶一卷佛像，這幅當係梵文本原件，正是漢末以來中國佛
畫創作的最主要範本。中國信眾之所以被打動，原先不是載有佛陀教示
的佛經，而是福報的現世利益，在祈求福報的活動中，佛像的作用是不
能低估的。

　　自從犍陀羅雕刻改禮拜佛陀的象徵性紀念物爲禮拜佛陀的眞實形
象，禮拜佛像就成了禮拜佛陀的唯一形式，所以人們才把佛教叫象教。
中國方面，西行僧人和使臣到印度求取佛像，自魏晉至唐前後經五、
六百年，其後中國佛教自成體系，齎像的活動才停止。

　　西域僧的貢獻還不僅僅在送經和譯經上，而是通過它對中國內地
整個佛教及其政治文化發揮重大影響，在這當中最有名的似乎仍是龜茲
人。龜茲之外，其餘鄯善、于闐及高昌等地都有高僧前赴中國宣教，惟

彼輩光芒都被龜茲高僧所掩蓋。

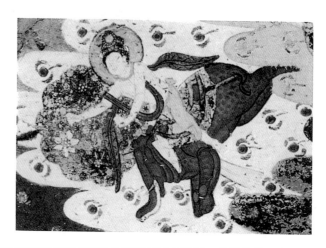

圖4-21　龜茲的克孜爾石窟開鑿於西元三至八世紀，是佛教傳入中國的中繼站。克孜
　　　　爾石窟第十四窟的《大光明王本生》壁畫。克孜爾石窟是沿著木扎提河河谷
　　　　的懸崖峭壁所鑿成的石窟群，距離拜城約六十公里，共計有兩百多個石窟，
　　　　為西域第一處大型石窟群，天竺風格相當明顯。石窟中存有許多佛本生故
　　　　事、說法闡法、佛前生事蹟等題材的壁畫，《大明王本生》即為描繪佛生前
　　　　制服醉像的故事。

## 佛教傳播東亞的機制

　　中國本無出家修行的習慣，即如早期道教，也是攜妻帶子一同生
活。而且中國人一向受儒家思想的教育，認為剃髮出家乃是不孝父母，
這對於一般窮苦民眾還沒什麼，但對名位、利祿和財產集於一身的豪門
世族，或是家貲巨萬的富商大賈，卻是一個需要慎重考慮的難題。

　　大乘提出在家修行剛好解除了他們信教的疑慮。《維摩詰經》講的
是一位印度信佛居士維摩詰如何得道的故事。該經在中國前後有六個譯
本，可見受重視情況。東晉大畫家顧愷之也是維摩詰的仰慕者，他仿照

當時名士精神狀態畫了一幅滿臉病容的維摩詰，送給一佛寺作為勸募之用，揚言可得百萬捐款。其後果然。顧畫中的維摩詰充滿中國人形象，迥非印度人可比。這個故事告訴我們，佛教被化約成以居士佛信仰現身中國，很能迎合中國人宗教心態，無他，深合中國文化要旨而已。

此外，連中國人崇拜的佛、菩薩，印度人都在使用，中國人形象上被改成服膺當時流行文化旨趣。到了這一地步，佛教其實已是雙重中國化。後來唐代維摩詰形象再變成饒富積極進取精神的模樣，那只是中國化了的維摩詰自身形象的改變，佛教中國化的道理還是一樣的。佛教得以傳入中國，其關鍵機制之一是中國人從中選擇了可以在中國文化軌跡中運行的質素，並認定此外來文化可與本土文化相容。

中國化了的佛教再向東傳，傳入朝鮮半島和日本，其中文化傳播的道理亦即印度文化傳入中國的翻版，中國變成扮演先前中亞諸國為佛教傳輸中繼站的角色。

西元八、九世紀，中國僧人變成譯經僧，攜經像前往日本，唐鑑真和尚即其最著者；日本僧人變成取經僧，來到中國取回經、像，日圓仁和尚便是其中佼佼者。鑑真是日本律宗的開山祖，所駐的唐招提寺，迄今仍保留原來風貌。圓仁在中國求法巡禮，歷時九年七個月左右。他攜回佛教經籍共五百八十五部、七百九十四卷，使日本天臺宗獲致很大發展。他著有《入唐求法巡禮記》一書，詳述他在中國的見聞。在朝鮮半島，佛寺通常建於山林僻靜處，城中通衢大道

圖4-22　日本唐招提寺中鑑真和尚坐像

少有佛寺，不同於中國城市中佛寺雲集的景象。日、韓僧人可以娶妻生子、不用食素，幾與俗人無別。這既殊於中國食素居士，也異乎中國僧人了。

　　佛教因地制宜而呈現種種不同的面貌，多少印證了一些文化傳播的道理。

## 問題與討論

一、有學者認為佛教成功傳入中國，是因時代黑暗導致痛苦異常，故人們轉而皈依佛門云云。但若取讀高僧傳，會發現絕大多數高僧乃童稚出家，此與其人生苦痛閱歷渺不相涉。面對這樣的現象，你如何解釋？

二、二○○一年阿富汗當局下令摧毀巴米揚石窟巨佛像，舉世予以譴責。何以歷史遺跡不可因信仰、政治立場等等人為理由予以破壞？臺灣社會存在破壞史蹟的情況嗎？有的話，請舉例說明其故。

# 第五章　十一至十五世紀的社會與文化

　　在十五世紀結束的前夕，東亞蒙古人和中亞突厥人橫掃西方世界的勢力先後進入尾聲。這兩批游牧民族所創立的帝國，都變成伊斯蘭教的守護神，可以說已融入阿拉伯世界。另一個基督教世界這時也從沉睡中甦醒，一股由學者和商人為主的世俗力量引領歐洲走向域外世界，他們汲引阿拉伯文化菁華，之後青出於藍更勝於藍。趨強的歐洲有鑑於阿拉伯人控有對中國和島嶼東南亞的商業利益，為了在海上絲路上爭勝，乃大力提升海洋運輸能力，竟意外發現美洲新大陸；等美洲探險完畢、抵達遠東時，整個東南亞和美洲的文化地區就成了歐洲人的獵物。擺在歐洲人面前上述兩個地區的古文明，無論在社會動員能力或是軍事科技力量上，均非歐洲人的對手。

# 第一節 歐亞草原民族對世界文化交流的影響

## 被抹黑的游牧民族

　　游牧文明與農耕文明是世界文明史上的兩大主要文明。從發展階段來看，在多數地區，如北亞、中亞，是游牧文明先於農耕文明；在少數地區，如東南亞，是農耕文明先於游牧文明。游牧人逐水草而居，移徙多，生活維艱，沒有很多時間用於文明建設，歷史記述少。農耕人有村鎮城廓，過著定居生活，文字使用早，歷史記述多。游牧人歷史仰賴農耕人的記載而流傳，而農耕人的記述往往美化自己，醜化別人，這使後人對游牧人的物質和精神文化產生不少錯覺。

　　游牧人與農耕人在亞洲大草原上長期相爭，抗衡三十多個世紀，征戰往還，時而高潮，時而低潮。高低潮之間，彼此休養生息，以利再戰，但抗爭之局依舊。這時，雙方採取恩威並施、楚材晉用的政策，以削弱對方，同時，又南北對峙，互相詆毀。亞洲的農牧大戰，在牧方敗逃，往西而去的同時，卻也壓迫歐洲草原游牧人向南方農耕世界擠壓。這是發生在三至六世紀的事。歐亞草原連成一氣，綿延一萬五千公里，上述民族大遷徙是人類史上少見壯麗的景致。

圖5-1　震撼大半個世界的蒙古戰士，是當時機動性最強的軍隊。

　　在亞洲大草原上，遠古就有游牧人居住。其中有黃色人種，操阿爾泰語，主要民族有匈奴、突厥、蒙古；有白色人種，屬印歐語系，主要民族有操伊朗語的塞種人和操日耳曼語的哥德人。本書此處要介紹的是十一世紀以後的事，只涉及蒙古人和突厥人。

## 蒙古文化與伊斯蘭文化的交融

　　阿拉伯人的伊斯蘭世界在十三世紀遭逢前所未有的外來威脅，那就是北亞草原新興勢力的蒙古人。新的草原霸主是鐵木眞（Temüjin），於一二〇六年春召集蒙古諸部，與會者向他輸誠，奉以爲汗。他於十二年期間控有東北亞，因一個意外事件吸引他將目光投向西方，造成蒙古西征行動。一二一九年鐵木眞率軍進入伊斯蘭世界。到了十三世紀中葉，蒙古軍直抵敍利亞，並有整個伊朗，巴格達城被燒掠一空。

　　蒙古統帥旭烈兀在攻下巴格達之後，就撤往西北，此後八十餘年，旭烈兀及其後代便從該處統治伊朗地方與相鄰諸國。伊朗地方的蒙古汗王稱做「伊兒汗」（Il-Khons），意思是「和平、和諧」（peace、harmony），象徵著他們臣屬於蒙古地方的大汗，承認大汗的至尊地位。整體說來，伊朗地方在這些汗王的治理之下國泰民安。到了十三世紀末，汗王皈依伊斯蘭教，蒙古人反過來是文藝和學術活動的有力贊助者。這些信奉伊斯蘭教的汗王，在十四世紀就爲了宗教的禮拜活動，蓋起堂皇的建築。就某個層面來看，蒙古征服實際上爲中東搖搖欲傾的文明注入了新生命。最早的阿拉伯征服者，把東地中海的文明和伊朗文明史無前例地統合爲一國，開創了社會與文化接觸的新時代，成果豐碩：如今蒙古人也將中東文明與遠東文明統合在一個王朝之下，在貿易和文化方面，都有立竿見影的正面影響。同時，蒙古人爲歐洲人敞開大門，

允許他們與東方從事經濟和文化交流。

　　與此同時，在俄羅斯和中亞有兩個位於中東邊緣的蒙古汗國，他們對蒙古世界的政局有所作用，對中東政局亦然——尤其是在他們皈信伊斯蘭教之後。

　　蒙古人和基督教歐洲之間，有一連串不得要領的外交通使。通使的目的，是策畫一場讓雙方共同的伊斯蘭教敵人兩面作戰的戰事。不過等事情流產之後，反而讓埃及的主人與別兒哥汗（Börke Khan）結成同盟。別兒哥汗是蒙古在俄羅斯地方的後起汗國之汗王，此時已經獨立並皈信伊斯蘭教，其國逐漸成為一個伊斯蘭教邦國，國民主體是（欽察）突厥人，史稱「金帳汗國」（Khanate of the Golden Horde）。這個汗國在十五世紀末被治下的俄羅斯人所推翻，不過，俄羅斯人卻承繼了一些蒙古文化風。

　　伊兒汗國於一三三六年末王去世後，分裂成好幾個由本土王朝治理的小邦國。這些邦國維持的時間並不長，諢號跛子（Lang）的帖木兒（Temür）已經自立為中亞這片蒙古封地的統治者。帖木兒成為河中（按：中亞錫爾河和阿姆河兩夾之地）地區與花剌子模的宗主之後，於一三八〇年入侵伊朗，七年之內占領全境。帖木兒兩敗金帳汗國，襲擊印度，從本土王朝手中兼併伊拉克地區，蹂躪敘利亞，並向埃及索取貢賦。一三九四年和一四〇〇年，帖木兒入侵小亞細亞，大敗鄂圖曼軍，並俘虜其王。帖木兒於一四〇五年去世，他的後人只保有伊朗東部與河中地區，境內幾個城市都是璀璨文明的中心區。帖木兒王朝的時代，藝

---

**蒙古騎軍打通了流行病的東西界限**

中古歐洲的黑死病使該地人口減損三分之一。黑死病的病原體主要是寄生在老鼠身上，它原是中國地區的流行病，在十三世紀之前中國人已有免疫力。蒙古騎軍一度繞道雲南的關係，將病原帶回草原，草原的穴居生態更有助病原的繁殖。蒙古騎軍在十三世紀密集西征，附生於其行囊中的病原也大量穿越文化及流行病學上的界限，從此在歐洲肆虐。一直要到十五世紀後半，歐洲人才開始增長。

術、建築、科技、波斯文學與東突厥語文學成就輝煌。就後者而言，這是個偉大的古典時代，這個時期寫成的作品，對於君士坦丁堡以立於遠東、印度這片土地上所有突厥民族的文化發展，有著長久影響。


## 突厥人成為伊斯蘭文化的宣教者

現在我們且注視小亞細亞的中部和東部，在康雅城的塞爾柱突厥系素檀的經營之下，逐漸轉化成伊斯蘭教邦國。成為近東、中東伊斯蘭教文明不可或缺的一部分。蒙古西征所造成的震撼，震得塞爾柱邦國七零八落，無由修復，從此苦撐至十四世紀上半葉終於亡國。於是戰火再度燎原於這塊無主的土地，爭雄各勢力中，有一個公國日漸茁壯成帝國般的巨人，它就是以其名祖鄂斯曼（Osman）名其國的鄂圖曼公國。該國地處拜占庭防線的邊緣，因地利之便、機會眾多，工作繁重，而吸引了各方的支持。鄂斯曼及其嗣君不斷向拜占庭人進行邊境戰爭。一三五四年，他們入侵歐洲，以將近一個世紀的努力占有大半個巴爾幹半島。於一四五三年，鄂圖曼新君穆罕默德二世（Mehmed Ⅱ）在圍城七週後攻下君士坦丁堡。

這個突厥人帝國曾盛極一時，構成歐洲各國最大的威脅。蘇雷曼大帝（Suleiman the Magnificent，一四九四～一五六六）在位期間（一五二〇～一五六六）曾不可一世，其領土東至黑海及波斯灣，西抵阿爾吉爾（Algiers），北到布達佩斯（Budapest），絕大部分的東南歐、匈牙利一部分，以及近東和北非均在其掌握之中，一五二九年且包圍維也納。

## 游牧民族對中亞文化交流的貢獻

在民族大遷徙過程中，農耕世界與游牧世界不斷進行經濟文化交流。人員往來愈益頻繁，物品交換和文化技術傳播也愈益增多。征服、遷徙、融合的結果，是兩個世界之間閉塞狀的逐漸突破，最後導致人類文明地區的擴大。蒙古和突厥兩族開拓疆土的結果，自己也變成定居的農耕民族。這使得游牧區日漸縮小，特別是新航路發現之後，草原商路已然失去價值。加上工業革命又出現在農耕世界，各國工業化後，地處偏遠的游牧地區，亦難免日趨衰落。

游牧人馳騁草原，擴地千萬里，建立王朝後，為了增加財政收入，供應王族權貴，遂在其王朝轄區內，直接或間接經營中介貿易。絲綢、黃金、特別土產等的貿易都有王朝插手其間。為了控制中介貿易，游牧部落之間或游牧王朝與農耕王朝之間，不惜發動戰爭，霸占重要都市，控制東西商路，兵戎相加，常延續數十年至百餘年。突厥人、蒙古人都扮演過爭奪中介貿易的主要角色，交換範圍日趨擴大化，也日趨國際化。在中世紀以前，這種大交換的局面主要是由游牧人開拓出來的。

---

**鄂圖曼突厥的新軍**（Janissaries）

為素檀穆拉德一世（MuradI，一三六二～一三八九）在位創立。對戰俘和基督教幼兒施以伊斯蘭教訓練及戰術，使其成為勢力極大的軍力力量。一六〇〇年左右，伊斯蘭教徒常用賄賂等方式爭取加入，十七世紀後演變成世襲，同時也漸停止徵召基督徒參加。

## 問題與討論

一、農耕民族與游牧民族的鬥爭，同見於東亞和歐洲兩個世界舞臺。在歐洲這個個案裡，游牧民族融入農耕文化中，於十六世紀之後超越農耕羅馬文化。在東亞另一個個案裡，游牧民族一波接一波進入農耕世界，最後也融入農耕漢人文化（只除蒙古人例外），但卻無法在農耕世界取代漢人的文化地位，最後不免同化於漢族。對於這樣的東、西方同一歷史旋律，卻有不同的歷史發展，你會如何解釋？

二、游牧民族在工業文明衝擊之下，不免沒落卻不至消失。如今中亞的一些游牧國家，加上外蒙古，你認為他們有走出自己的路之機會嗎？不論有無，試加以說明其理由。

# 第二節 東南亞地區的文化

　　東南亞這個擁有泰國菜、越南菜、印尼咖哩雞，以及星洲炒米粉等美食的故鄉，饜足了多少人的胃口。就像它是奇異菜式的組合，它也是林立各國的組合，更是多元歧出的文化展演空間。

## 外來文化和區域權力結構

　　「東南亞」這個區域名詞是在二十世紀二次大戰期間開始使用的。該區介於中國與印度兩大強鄰之間，如何處理這兩個強鄰所施加的外來強勢文化，一直是區域各政權關心的重點。印度對區域沒有政治野心，來自印度的佛教和印度教文化一直是區域內的主流文化。相反地，雖然中國對區域有政治野心，但中國文化只對鄰近的紅河流域有所影響，而不及其他地方。十五世紀以後，另一強勢外來文化——伊斯蘭教，則席捲該區半壁江山。

　　東南亞可以再畫分成兩個地理區：「大陸東南亞」，包括今緬馬、泰國、寮國、柬埔寨、越南諸國；「島嶼東南亞」，包括馬來西亞、新加坡、汶萊、菲律賓。這是今天區域的政治版圖。此處要講的是十六世紀以前的歷史，其政治版圖則有所不同。

　　東南亞的政治版圖要以十三世紀作為分水嶺，在此之前一千年的區域權力中心在紅河流域和金邊湖，在此之後的權力中心轉移到今天的泰國和印尼。我們先講十三世紀的轉變，再倒敘回去。

---

緬甸在一九八九年改名為緬馬（Myanmar）。

## 蒙古人來襲

　　西元一二八九年蒙古忽必略可汗要求爪哇的一個王國進貢，爲該國國王所拒。三年後，蒙古的一千艘戰船出現在爪哇的洋面上。這時該國王室已被推翻，舊王的王儲乃與蒙人談判，只要協助他復國，他事後便承認蒙古大汗的宗主地位。結果僭王被推翻，而蒙古艦隊帶著政治成果返北京覆命。爪哇新王在落難期間於馬札帕希特村（村名意爲「苦果」）度過艱辛歲月，待登基後因感念該村的庇護遂以該村名爲王朝名。馬札帕希特後來成爲島嶼東南亞前所未有的大帝國。這個國家在宰相加札馬達（Gajah Mada）治理之下，國勢蒸蒸日上，待幼主親政又繼續宰相的未竟之業，君、相兩人一同創造了爪哇歷史的黃金時代。這樣的努力成爲日後爪哇人國族認同的重要資源。更重要的是，爪哇人擁有可供人琅琅上口的詩篇，以及可供人肅目以對的宗教建物。特別是這些宗教建物除了融鑄印度文化風之外，本土文化風格已能清楚呈現。

## 又一個建國傳奇

　　馬來亞之所以從印度教改宗伊斯蘭教，與麻六甲王國的興建有關。麻六甲位居麻六甲海峽最窄處的戰略位置，巨大的蘇門答臘隔阻著季風，麻六甲又可爲受到風阻的船隻提供一個安全港。麻六甲如此重要，但在一四〇二年以前只不過是個漁村。

　　在此之前數年，巴倫邦（位在海峽對岸的蘇門答臘島上）的王子普拉美什瓦拉（Prameshwara）出亡國外，幾經冒險，最後前往麻六甲。儘管他軟硬兼施讓商船造訪麻六甲，但他建有倉儲、旅館提供過往船舶停靠，使該地具備東西方貨物集散中心的優惠條件，船東也就不去計較他

先前的無禮舉動。就這樣短短幾年不到，麻六甲躍升爲一座偉大的港埠兼商場。

　　爲了維持成功，麻六甲必須與泰國、馬札帕希特、以及蘇門答臘東北部信伊斯蘭教諸國競爭。泰國是正興旺中的強權，還好距離較遠；馬札帕希特則已度過其巔峰期，雖近但威脅不大；只剩伊斯蘭教諸國因係近鄰，必須妥善應對。他爲了外交而改信伊斯蘭。其次，他利用王室聯姻，促使區域內的菁英改信伊斯蘭。再者，他命令軍隊改變信仰，該軍隊是由爪哇的雇傭兵組成的；當士兵返鄉度假時，往往會使其家族改信伊斯蘭。同樣，麻六甲的外商也會使其爪哇奴隸改變信仰。更重要地，麻六甲的繁榮鼓勵其他地區的商賈改信伊斯蘭。麻六甲也變成伊斯蘭學術研究中心，吸引整個伊斯蘭世界的學者前來。

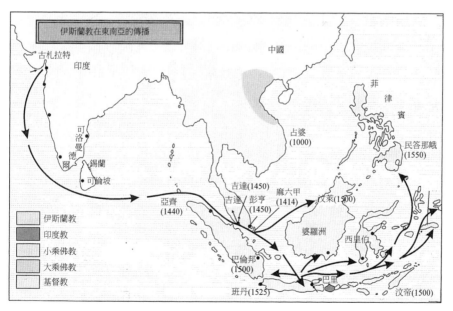

圖5-2　在島嶼東南亞地區，伊斯蘭教擴張過程中只有峇里島（巴里）屹立不撓。

## 泰國的誕生

　　蒙古人滅了南詔大理國，使得泰族必須南下另闢新天地。這也歸功於蒙古人滅了緬馬的一個王國，爲泰族南下建國掃清障礙。泰族之「泰」取意「自由」。他們順著湄南河南移，新得的土地頗爲肥沃，經濟剩餘使得他們有供養軍隊的憑藉。從十三到十五世紀三百年左右，乃是泰族在東南亞的歷史形成階段。一連三個名王在創立文字、擴大足以施用多元族群的法律基礎，以及採用中央集權制等方面貢獻卓著，給泰國帶來穩定，是區域其他地方無法望其項背的。

圖5-3　這時是斯里維札亞取代眞臘，控有東、西方交通的航權。而大陸的南詔國勢力很大，侵及緬馬和越南。

## 柬埔寨往昔風華不再

　　泰國爲大陸東南亞投下變數，首先是使柬埔寨人先祖的吳哥王朝生存空間縮小。柬埔寨人使用南亞語言（Austro-Asiatic Language），在大陸東南亞先後建立了兩個跨族群的王國，依中國記載是扶南和眞臘兩個王國。十三世紀蒙古人入侵大陸東南亞，著眼於眞臘王國有其朝貢體制，必須加以摧毀而後快，但軍事行動一直不順利，使得征服眞臘吳哥王朝的機會更爲渺茫。眞臘國從九世紀初遷都吳哥（Anakor），故又稱吳哥王朝，到一四三一年泰國攻陷吳哥城，一共綿延了六百多年。王國繁榮的支柱是農業。王國修建了可資灌溉大約一千兩百五十萬英畝

農田的蓄水庫。這保證了年收成三、四次的高收穫量，同時又兼具兩季防洪的功能，保障了平民生命和財產的安全。王國還設計精巧的運河、水壩、堤岸網絡，並且提供旅行通道。水道與城市的壕溝連接，使得物資能從採石場直接運抵首都吳哥。整個水利體系構成王朝經濟的生命線。

　　吳哥王朝的衰微主要緣於不符經濟效益的大型工程或公共建築太多。十二世紀末一位國王，光他在位期間，一共修建一百〇二座醫院、一百〇一座供進香客休憩的賓館、兩萬座神龕。他並以國庫補貼三十萬名僧侶的生活費用。此

圖5-4　吳哥王朝將盛之時。柬埔寨人又稱吉蔑族，圖中以吉蔑帝國顯示其冠絕一時的國力。

圖5-5　沉埋森林中六百年的吳哥窟風華隱現塔克歐寺（Ta Keo），是蘇利雅華爾曼五世於西元一〇〇〇年時開始興建，但因故未能完成。這座長一百二十公尺，寬一百公尺的佛寺，在五層基壇上建有金字塔式的廟堂。

外，他經常討伐叛逆的藩屬，更使國庫枯絕。最致命的是從十一世紀起經過緬馬人和泰族的傳播，小乘佛教饒富平等精神的文化傳入吳哥王朝內部。在意識形態上，吳哥歷代國王向老百姓灌輸說，他們是天上神佛轉世，這樣的想法有助於王朝在統治異議團體上增加權威。如今接受小乘佛教的人不再認為國王是神聖的。上述這位國王大肆修廟，可能意在對付這種針對他統治意理的威脅。這位國王於十三世紀初去世，而反王朝統治意理的勢力依舊存在。到了十四世紀，王朝的政治權威開始明顯衰亡。我們今天看到荒廢在森林中的吳哥都城和寺廟群建築，仍內耀著光彩，但耀眼建物的背後無非存在著要吞噬它的威脅力量，想起來就覺得很諷刺。

## 抗爭意識高漲的越南

今天的越南在十三世紀時，南北分由使用中文的越南國和使用印尼話的占婆國統治。一四七一年越南大敗占婆，不過占婆仍苟延到十八世紀時才亡國。西元前一一一年中國開始統治越南，直到九三九年為止。此其間，中國的經典、文字，以及中國化的大乘佛教都傳入越南，造成越南菁英的漢化。但漢化的菁英卻反而增強其反華意識，在中國統治近千年間，越南居民屢以武裝暴動表達其敵意。

**吳哥窟小檔案**
地點：柬埔寨西北部暹粒市之北
起迄時間：九至十三世紀
面積：二百平方公里
規模：吳哥都城、吳哥寺及周邊六百多座寺廟
建築材料：磚、赤色岩、紅色砂岩
建築風格：印度遺風、大乘佛教
發現時間：一八六〇年
列為世界遺產時間：一九九二年

從九三九年到十九世紀下半葉近一千多年，越南享受了長久的自由。除了十五世紀初的二十年，中國派遣遠征軍想再將越南收歸版圖。中國短暫的軍事殖民只會更助長越南的抵抗意識。事實上，中國於飽嘗苦果之餘宣布放棄。自由的越南人在政治文化模式方面一如中國的翻版，它也是一個王朝遞嬗不已的朝代國家。其次，官僚組織模式亦採行中國科層級制，如創設九級的文武官職。再者，人才登進制上亦以中國科舉制爲範本。所以，越南儘管反華，但在政治文化上則蓄意把國家設立在漢化的道路上。總之，獨立後的越南是個具體而微的儒家國家。

抵抗蒙古人入侵的越南朝代是陳朝。蒙古人送給越南人的大禮就是讓越南民族英雄誕生，他就是領導抗蒙的陳國峻親王。同樣，明朝中國入主越南期間，又爲越南人塑造第二位民族英雄——黎朝的開創者黎利。從此陳、黎兩位民族英雄成爲凝聚越南人最有效的藥方。十五世紀越南出現一位改革的皇帝，他被稱作黎聖宗（一四六〇～一四九七）。黎聖宗至少有兩方面刻意走出中國影響的陰影。一是一四八三年制定的洪德刑律，它是在一種概念與法律架構裡，結合過去越南皇帝發布的法律、規則、條例。另一是在藝術方面也伸張自己的風格。在全國各地的廟宇以及皇家的墳陵和儀式廳這些大型建物上，我們看到其石碑、欄柱，以及裝飾的門道有異於中國風，這證實了越南修正中國傳統主題的風格。


## 鄭和所見的島嶼東南亞

十五世紀初，當中國鄭和率艦巡航本區域時，吳哥王朝已奄奄一

---

征服者和被征服者在歷史的詮釋上會出現落差。你認爲這是怎麼回事？

息，麻六甲王國和爪哇王國的霸業也已遠去。鄭和所見的島嶼東南亞彷彿退回部落政治的模樣。這樣的紀錄很令我們疑惑。不久之後，西方帝國主義入侵本區域，本區域的人需要花費五百年的抗爭才恢復過去的自主地位和尊嚴。

圖5-6　麻六甲「文化博物館」內的鄭和塑像，卑躬屈膝、一臉苦情，這與中國史書上記載鄭和到此地的情況大有出入。

## 問題與討論

一、接受外來文化與創建自有特色的本土文化之間有其緊張關係。從一千五百年以前的東南亞看來，你如何看待這樣一個問題？

二、東南亞區域各民族在接受印度文化和中國文化方面有何差別？

三、從中國殖民統治越南一千年史來看，處於後殖民情境的越南與其前殖民主中國之間產生什麼樣的關係？

# 第三節　美洲的文化

## 火燒墨西哥城

　　西元一五一八年剛「發現」美洲大陸不久的西班牙人獲知今墨西哥存在一個帝國後，欣喜若狂前往征服。這支五百人的遠征軍登陸後，被一個巨大而迷人的城市所震驚。他們承認，這座城市之美連夢中美景都無法比擬，更遑論當時的歐洲名城了。遠征軍中有人事後寫書如此描述這座城：城中高塔如林，水上房屋連片，一切都用石頭砌得非常精緻。

　　西班牙人所見這座城叫鐵諾支第特蘭（Tenochtitlan），建在湖中島上，為印地安人阿茲提克（Aztec）帝國的首府，帝國幅員遼闊，控有千萬人口，光首府就聚集有二十到三十萬人（當時歐洲大城如巴黎和倫敦其人口都不足十萬），全城神廟共有四十餘座之多，皇宮殿堂皆以白石砌成，普通房舍亦用白色磚砌。而浮在水面的田園紅綠植物與白色建物相互輝映，蔚為奇觀。可惜西班牙人囿於宗教信仰，於征服該帝國後放火燒城，並在廢墟上重建新城，叫墨西哥城，意即戰神指定的地方。

## 奧爾梅克文明

　　西班牙人所見的印地安人文化，是繁華褪盡的馬雅文化之殘餘，以及受馬雅文化影響後起的阿茲提克文化，西班牙人即已驚駭莫名。倘若讓他們提前看到三到九世紀馬雅文化的丰姿，他們恐怕會懷疑置身人間仙境呢！

　　至遲到兩萬年前，印地安人已分布於北美、南美大陸各地。在遷徙、擴展過程中，印地安人的族系、語言也有了很大變化，形成了數以千計的民族與語言集團，他們這一段長達幾萬年的遷移、擴展、分化的

歷史，還有許多謎團未解。

　　距今五、六千年前美洲爆發一場農業革命，印地安人培育了一種優良作物——玉米。那是一種產量高、適應性強，在乾旱、貧瘠等艱難條件下都能生長的植物。當野生玉米被印地安人不斷改良，變成可栽植的作物時，印地安人的農業革命就大功告成了。考古學家指出，美洲玉米培育成功的搖籃地是在墨西哥南部的提瓦坎（Tehuacan）谷地，時間是西元前三四○○年至前二三○○年之間。此後到西元前八五○年的一千五百多年間，就是玉米種植日益普遍，開始有了陶器，人們過著安居的村落生活。由於美洲沒有牛、羊、豬、馬可供開展畜牧業的條件，馬雅人食物中肉食成分相對稀少，這對提升玉米成為主食有所助益。今天全世界的玉米有賴於從這

圖5-7　考古學家所發現的石柱紀念碑

裡傳播出去的結果。大家當還記得，玉米傳抵中國時為明末，很快就深受農民歡迎。

　　提瓦坎谷地的印地安人雖完成了農業革命，卻無法率先踏出文明的第一步，美洲文明的開創者是鄰近墨西哥灣的奧爾梅克（Olmec）地區印地安人。這兒的文化才是中美洲文明之母，也是馬雅文明的一個源泉。

　　奧爾梅克文明不僅年代最早，而且它開創的各種傳統都為日後的中

---

**歐洲式疾病毀滅印地安族群**

在歐洲人抵達美洲之前，墨西哥和祕魯的菁華區早就聚集起足以支撐人對人傳染病鏈的人口密度，長達好幾個世紀。但在印地安人與歐洲人接觸不滿五十年的時候，墨西哥中部人口已縮減到原來的十分之一，僅剩三百萬人。從此，美洲印地安人社會被猛烈摧毀，持續到二十世紀。究其產生滅族的原因，是舊大陸的歐洲人帶來一長串疾病（如天花）。

美洲各文明繼承下來。這些傳統計有：神權政治、金字塔神廟、美洲虎的崇拜、喜歡用玉等，還有象形文字、數字系統、曆法體系和數學、天文學知識、宗教神學和神話故事。另外，還有某些特殊愛好，如珍視可可豆、珍愛奎特查爾（Quetzal）鳳鳥的羽毛、愛玩橡皮球戲等，都為日後馬雅文明和墨西哥文明所繼承。奧爾梅克的原意是「橡膠之鄉」，橡膠是它的特產，而用橡膠作成壘球大小的實心皮球也是奧爾梅克文化的主人所首創。奧爾梅克文明從西元前一二○○年開始，在西元前九○○年到前四○○年達到鼎盛。西元前三世紀以後，奧爾梅克漸趨衰落之時，接手文明的傳燈人就是前述的馬雅人。馬雅人是奧爾梅克人文化的小老弟，但這位小老弟卻後來居上，超越其前輩。

## 馬雅文明

　　馬雅文明孕育於熱帶雨林，整個馬雅地區由近五十個城邦國家所組成，這些國家以一個城市為中心，包括周圍市鎮和農村也不過百里之地，人口不出十萬。各邦在語言文字、宗教信仰、文化傳統上卻是基本一致的，所以它們又是一個共同的馬雅文明中的成員。這種叢林環境、政治分立而又文化共通的特點，造就了馬雅在世界古代文明中相當獨特的地位。

　　馬雅人把方圓近千里

圖5-8　提卡爾第一號神廟

的叢林開發為林地交錯的高產良田，供養
了數以百萬計的人口，和近五十個大大小
小的城邦。諸邦之中最大的一個叫提卡爾
（Tikal），城內人口約五萬，全邦人口約
五十萬，擁有最多的神廟、最高的金字塔
（有二十層大廈的高度），以及最強的王
朝。每座城的生命都與王朝共始終，王朝
崩潰，該城就被廢棄。一波波的城市文明
在叢林中興衰有時。

圖5-9　馬雅圖書為西班牙人所
焚毀。西班牙傳教士把
他們費盡心機搜括到的
所有馬雅圖書付之一
炬，只有三部書因流落
他鄉而倖免於難。

　　城市建築是文明的標誌，文明的另
一個標誌是文字。馬雅文字是象形文字，
其符號已知的有八百個以上，迄今被破解
的不到十分之一，是屬於世上若干種尚未
完全破解的死去文字之一種。從傳世的壁畫和其他碑文看，主要都是記
述政治史，如「出生」、「逝世」、「登基」、「戰勝」、「戰敗」、
「被俘」、「俘虜」、「宮廷」、「夫妻」等象形字已被破譯，才讓學
者漸漸窺出其中所反映的社會生活。

　　馬雅人還發明了紙和書，可惜這些圖書都在十六世紀被西班牙人視
為邪物而遭焚毀。只有寫於從十二到十五世紀的三本傳世，內容盡是求
神問卜、間雜一些天文觀測，完全沒有歷史記載之類的事。這多少反映
了馬雅文化後期的人已對現實政治不抱希望。

## 普通農民一天的生活

　　提卡爾城郊有戶農家，家中人口除夫妻外尚有子女三人。老大是長

子，一位二十歲不到的青年，叫小虎。這時是玉米即將收成的十月天。
小虎很早起床，與父用完早餐就下田工作去了。馬雅人最喜歡吃烙玉米
餅。由於沒有牲畜以致無法用大石碾碎玉米，也沒鐵鍋（馬雅人沒有金
屬器皿）可供烙餅之用，因此烙玉米餅是件不輕鬆的工作，只有少數婦
女手藝高超可做出可口的烙餅。小虎的媽媽即是箇中高手。

　　小虎在農閒的月分可要跟隨乃父上城去幹粗活，今天是農忙的日
子無需如此。不過，小虎父子今天早早下田另有原因。小虎的表妹要出
嫁，他要協助乃母準備婚禮。父子倆預計在下午一點下工回家，屆時可
吃到香噴噴的玉米餅。

　　上午的工作小虎很快料理妥當，接著便攜帶一管吹氣槍到林中出
獵，他準備獵到鸚鵡，這是馬雅婦女織彩線繡花的原料之一。在兩個鐘
頭時間裡，他一共捕獲五隻鸚鵡。他在回家途中又意外捕獵一隻穿山
甲。這表示小虎家午餐可以加菜了。

　　小虎父親非常高興，於用餐完畢宣布，下午帶全家進城看球賽。
於是一家人帶著一串紅辣椒（馬雅人佐餐聖品）前往觀賽。今天代表兩
個神廟出賽的兩支球隊對小虎家而言，沒有什麼關係，誰輸誰贏都無所
謂。按例為大典舉行的球賽，輸的一方要獻出其隊長的人頭。不過這個
習俗如今已有所改易：只要支持輸隊的球迷貢獻禮物，隊長的小命就保
住了。小虎家準備一串辣椒，就是預防輸球的禮物。今天的球賽是個和
局。所以一串紅辣椒又被帶回家，算是免費觀賞一場球賽。所以，回家
路上，小虎一家興高采烈。

## 美洲的其他文明

　　前述的阿茲提克人甫發展成一個帝國，尚未穩定的時候便遭逢西班

牙入侵以致亡國。阿茲提克文化中除了有馬雅文化的因子之外，又有兩支分別形成八世紀和十世紀的文化因子注入其中，發展出圖文並茂的書冊文化。

於今祕魯山中沉睡著，在西元前一〇〇〇至前三〇〇年繁盛一時的南美洲最古老文明——查汶（Chavin）文化。該文明再傳到印加文明主人手中。印加人在消滅一個帝國之後再造另一個帝國，到十五世紀時，領土幾乎遍及南美洲的文明地區，南北長達萬里，人口一千兩百萬，當時歐洲還沒有這麼大的國家。印加人有使用金屬器皿的文化，特別是金銀器尤其美觀。這是遭致西班牙覬覦的所在，也是促成亡國的原因。印加人雖亡國，卻退入深山繼續抵抗。

## 問題與討論

一、馬雅文明在叢林中，先後有三波築城活動，但每一波結束就遺棄他去，最後消失無蹤。對於這樣的歷史發展模式，你有何看法？

二、由馬雅文明中的象形文字，以及對想像龍形生物的崇拜等跡象，令許多人懷疑馬雅文化是中國文化東傳的結果。對於這樣的文化傳播說法，你有何評論？

# 第四節　歐洲社會與文化的變遷

## 黎明的第一道曙光

羅馬城市幾乎全爲廢墟，羅馬貨幣全被埋於地底下，以及查士丁尼大帝關閉了雅典的柏拉圖哲學院，凡此種種似乎都印證了中古時代文化沙漠的處境。中古的人從未見過羅馬文明的輝煌。然而，歷史終究會改變。中古歐洲雖然與前一時代產生文化斷裂，但一些新生事物的因子如星火般燎原，以及由教會主導的文化受到挑戰，這些使中古時人所自稱的「黑暗時代」產生了曙光乍現的情景。

## 宗教限制人種種追求欲望

但丁（Dante Alighieri，一二六五〜一三二一）《神曲》（*La Divina Commedia*）中敘述了主人翁經歷地獄、煉獄以至天國的過程。它的主題是在彰顯基督教的靈魂，是徹頭徹尾中古式的。中古的人習慣艱苦的生活，不指望可以改善現狀的道路，表現一副逆來順受模樣的背後，是相信一切都是上天的安排，縱使安排得不盡如人意，也得要接受它。中古的鄉間茅舍及市集大街充滿難聞味道，少有人享用過香皂之福，沒有洗澡的人發出的味道瀰漫公共場所，大家也不以爲怪。以上聽天由命的生活態度已跟我們現代人的價值背道而馳了，還有一樣與我們現代人更格格不入，即在認知上盡信書本而不以眼見爲憑，而且書只限亞里斯多德

---

柏拉圖哲學院大門門楣上的警句
「不熟悉幾何的人不能入此門。」這句話標榜該校對幾何學的特予重視。你想東羅馬當局會關閉這種想法的學校，代表它跟我們現在想法較爲接近呢？抑另有其他可說的？你將來會去選讀一所高標歷史學重要性的大學嗎？

所編的書。偶爾有像羅傑‧培根（Roger
Bacon）這樣以實際觀察來求知的人，亦
被視爲大逆不道，而禁止他寫書。

　　對人生、對知識的態度是如此不識
進取，倘有人在信仰上出軌，可就罪莫
大焉，而要受到制裁了。

　　十四世紀在法國南部山上一座百
餘人的村莊，居民因改宗新的福音宗教
而被判處異端，受到終生監禁的荼毒。
十六世紀義大利一位磨坊主人由於宣揚
羅馬時代農民宇宙觀，說宇宙像乳酪，
其中寄生的蟲子就是天使云云，亦在宗
教法庭被迫俯首認罪。同樣十六世紀，
法國南部一位騙子冒稱是一位棄婦的

圖5-10　一五六四年一月二日異端
　　　　裁判的文件。

丈夫，在同居三年後被人揭發犯了重婚罪，結果法庭處該人以極刑。上
述三件官司都涉及個人信仰和追求幸福的自由，結局是當事人都難以如
願。儘管信仰的新生事物難產，但既有體制受到衝擊，正是中古時代結
束的先聲。


## 中產階級營造新價值觀

　　中古文明的礎石──教會，還是在新的世俗因素和新的經濟力量衝
擊下面臨分裂的危機。一般平民想要捋教會的虎鬚，形同以卵擊石。但
社會名流如果心存抵抗，教會則莫奈他何。像日耳曼的大銀行家傑可
布‧福齊（Jacob Fugger）在自撰的墓誌銘上大放厥辭：「他富可敵國

但樂善好施，他道德高超，靈魂偉大。他在生前，也無其匹；他在死後，亦屬不朽。」在此，我們與其說看不見中古人的謙恭，勿寧說這是有意展現事在人為的新價值觀。像福齊這樣的中產階級人物在社會逐漸湧現，而且入侵原由教會主導的文化界：他們出資蓋公共紀念館和圖書館，同時獎勵藝術創作和學術研究。此後，有教養再也不是教士的專屬品，俗人中也多得是有教養的人。

## 大學：提供俗民文化教養的新場所

　　中古後期西方最重要訓練人擁有教養的管道，就是大學（universitas），這是西方留給今天我們的重要遺產之一。十一世紀，史家稱它為「大學時代」（The Age of the Universities）。波倫那大學（Bologna）是一個自己僱請教師的學生法人團體，它樹立了義大利與南歐大學的形態。巴黎大學則是一個由教師組成的法人團體，它成了北歐大學的楷模。迄今最古老的英國兩座大學，即牛津和劍橋，是隨著巴黎大學之後成立的。這些大學的學術自由是爭取出來的，這與「特許狀」（Charter）的獲得很有關係。原來這些大學在脫胎於教

圖5-11　巴黎大學索爾邦校區。只有索爾幫校區中，還保留一分古老名校的典雅氣派。

區主教學校過程中，因種種原因獲得教皇、神聖羅馬皇帝，以及各國君侯頒授許可狀，而具有通行整個基督教世界的效力，同時也擺脫地方政府的控制。到十六世紀初，西歐計有八十六所大學。當我們上溯十三世紀，學者的事業已被公認爲是中古社會組織中的重要一環。學

圖5-12　牛津大學萬靈學院。在牛津，人們會問："What do you think?"（牛津人重思想創見）

者的地位已提升至與官吏、教士鼎足而三了。

　　大學繼承古修道院的學風，亦即讓西歐人學習結合他們來自羅馬的古典文化豐富的理智遺產。這一重要的學術工作不僅包括希臘哲學、文學以及羅馬政治思想，而且還包括現時給人深刻印象的古代基督教神父的神學著作。後者中以奧古斯丁的作品最具代表性，它通過種族、政治、宗教與哲學成分的複雜融合，西方基督徒共同分享的總世界觀漸漸出現，並替代了古希臘世界觀的地位，從而引領成百萬人的生活與思考的活力。

## 城市：抗禮王庭

　　從近東、古埃及文明到希臘城邦文明，我們所見的書寫、藝術、科

聖奧古斯丁寫有《上帝之城》一書，主旨在說人世間的一切爲上帝的傑作，人活著是爲了彰顯上帝的恩寵。這是中古價值觀的骨幹，如今則面臨世俗新價值觀的強大挑戰。

學、天文學、建築、文學、戲劇等等文明業績都是城市的產物。中古晚期的城市人口都很少，無法與亞歷山大城、羅馬城、拜占庭城相比擬。據估計，在十四世紀時，威尼斯、佛羅倫斯及巴黎的人口各在十萬左右，熱那亞、米蘭、巴塞隆納及倫敦的人口各在五萬之譜。這時絕大多數的歐洲人還是住在鄉間。為鄉村世界帶來重大變化的是城市世界。

歐洲的貴族因參與十字軍東征運動，而大開眼界，轉而對東方商品大為激賞。他們返回家鄉後執意要購買這些商品，有的貴族想到聖地朝聖，這兩種情形都導致社會對貨幣的需求，同時也促成了商人和銀行家的出現。這些上流人士被東方所吸引，「東方熱」的背後是有代價的。他們往往拿莊園去向銀行家作抵押借貸，或是出讓山澤漁獵的權益來向堡外居民借貸，甚至有為了借錢，連允許堡外居民自由經營聚落的特許狀都畫押（不是簽發，因為他們不會簽自己名字）出去的情形。

這是隨十字軍東征之後幾個世紀普遍發生的情況。權力逐漸由城堡轉到城市的這一過程是緩慢的。其間也有過一些戰鬥。此後城市居民享有公民權，下一波的文化發展又可接上羅馬和希臘的情景。

日耳曼蠻族進入羅馬世界後一千年，中產階級再次躍登歷史舞臺，這意味著城堡主人勢力的削弱，已如上述。可是國王施政一仍舊慣只消滿足貴族和主教的願望。直到十字軍東征發展起來的貿易和商業，才迫使他承認中產階級，否則他會遭受國庫日益空虛之苦。英國王室是最早嘗到財政破產苦果的政權，既然大地主和主教無法提供財政支援，只好轉求城市代表，要他們來參加大議會，並許以就稅收問題提建言。這是十三世紀下半葉的事。這些城市代表開會的地方叫「帕力門」，法語是人民講話的地方。同樣的情形亦連續發生在法國、德意志帝國、瑞典、丹麥等王室。

## 不均整的城市自由化運動

在荷蘭的發展更具戲劇性。在十六世紀，荷蘭一些小省分聯合起來推翻王政，改建聯省共和國。荷蘭所屬城市與中央政府同樣都由代表民意的議會在進行統治，以上所述意味著社會世俗力量抬頭的時代來臨。

十字軍東征期間，幾個義大利的沿海城市由於位處運補站的地利，從而牟取暴利。十字軍結束後，這些城市依然是那些東方商品的集散中心。這些城市中，沒有幾個比得上著名的威尼斯。威尼斯是人們逃避四世紀蠻族入

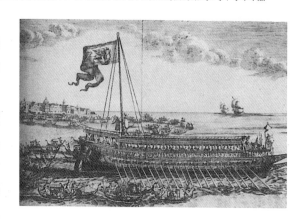

圖5-13　威尼斯排槳帆船（galley），該圖存倫敦海洋博物館

侵的桃花源，由於四面環海，桃花源中人以製鹽為生，在中世紀，食鹽是稀有的生活必需品，威尼斯人因長期壟斷餐桌必需品而致富。威尼斯的勢力因此展開，並開始造船，從事與東方的貿易。威尼斯人貿易的主要運輸工具是排槳帆船（galley）。這種船後來改以賴帆為動力，但划手依舊留用，接著在噸位上改進使達可載重兩百五十噸，足夠敷用體積小、價位高的香料和奢侈品。船隊是威尼斯國命之所繫，是以官督商辦的方式在經營。當時最大的工業機構非威尼斯造船廠莫屬。船廠員工可在兩個月內裝備完成一百艘戰艦，以對抗土耳其人。一四五三年君士坦丁堡攻防戰時，我們看到這些戰艦的英姿。威尼斯政府是少數富商的俘虜，其實際統治者是著名的十人議會（Council of Ten）中的成員，他們於必要時會進行特務暗殺的行動。儘管威尼斯上層政治有瑕疵，政局卻

穩定如恆。

　　佛羅倫斯（Florence）則讓我們看到另一極端的政府，一種不穩定的民主制。該城邦發行的金幣信譽卓著，它雖有十四世紀早期歐洲華爾街之稱，但政局一直動盪不安。直到十五世紀柯西莫‧麥迪奇（Cosimo de Medici）出來主持大局，佛羅倫斯的銀行界方始復甦。麥迪奇家族統治長達六十年（一四三四～一四九四），他們雖係暴君，但卻遵守共和制，也還照顧窮人利益，動盪的政局製造了許多被放逐的政客，諸如詩人但丁、政治理論家馬基維利（Machiavellie）等都是。麥迪奇家族中的羅倫佐（Loronzo）於統治期間不惜花錢美化市容，城市之美即使到了二十世紀民國初年，徐志摩於其遊記中尚津津樂道。

　　類似威尼斯和佛羅倫斯的城市，大大小小有兩百多個，每一個都是完整的商業單位，東方與歐洲的商務就操在這些商業單位之手。若論城市的政治狀況則歧異很大。並非所有的亞歐城市都獲得類似威尼斯和佛羅倫斯般的自由或自治權，有些城市只取得某些優惠和特權，有些地區如英國王權較強，城市即使有議會卻從未獲得自治權。至於無力與領主鬥爭的城市，則毫無自治可言，自由度比英國城市還不如。


## 哥德式建築體現宗教信仰

　　哥德式教堂建築最能道出中世紀人希冀躋身天堂的熱望。建築體高聳入雲，搭配上圓頂和尖塔，便有著通往天堂津梁的況味。建築內部裝潢揉合了雕塑和鑲嵌畫的技藝，所呈現的圖像全與聖經有關。這是賴圖像教材用以堅定信徒對宗教的信念。每座哥德式教堂造價所費不貲，往往需數世紀才完成。每個城市競相以建有一座富麗堂皇的教堂為榮，這造就我們今天勾起中世紀記憶的鮮明地標。法國的查特大教堂（the

Cathedral of Chartes）代表中古建築之最，它的華美精巧是建築界的瑰寶。哥德式建築並非教會專利，仍有很多俗世建築採哥德式的，像市政大廳、行會大廈，以及城堡等，都是社會需要的表現。中古的財力聚集在信仰的用度上，可說是不惜一擲萬金。

## 問題與討論

一、現在大學的學位頒授、畢業典禮的道袍裝等等制度，均源自中古大學制，在這些可見的外在形式背後，有一個大學精神，請問那是什麼？而我們師承西方中古學制是學到人家的皮毛，還是內在精神？

二、中古晚期城市自由化運動風起雲湧，究其實質是恢復羅馬時代的公民權，但是除了此一傳承意涵之外，又有創新的意涵。請問：

1.創新的意涵指的是什麼？

2.倘若取以比較同時期（十一至十三世紀）的中國城市運動，中國城市的特點是什麼？

# 第六章　近代西方文化的興起

　　十四至十八世紀，歐洲社會與文化的發展，逐漸從中世紀的氛圍中破繭而出，進入了近代時期。十四世紀初開始，歐洲歷經了多次的饑荒和黑死病，對中古時期以來的封建制度和莊園經濟造成直接的衝擊；原先以土地做為財富主要來源的封建貴族和騎士，逐漸喪失了經濟優勢；不過，在國際貿易復甦以及許多占交通之便的商業城市崛起後，一批握有經濟力量的新地主和商人，取代了封建貴族而成為新貴。此一時期，西方世界出現了急遽的轉變，在經濟和社會方面，經濟重心從地中海區域逐漸移轉到大西洋沿岸，歐洲社會也從農業社會轉型成商業資本社會；在宗教、文化和思想方面，則有文藝復興、宗教改革、科學革命和啟蒙運動；這一切對近代西方文化的發展，影響極為深遠。

# 第一節　商業資本社會的形成

## 黑死病

　　現在，時序推移到中古時期和近代的過渡階段。就讓我們從黑死病談起吧。十四世紀初，歐洲歷經了幾次大規模的災難和變動，對整個社會帶來極大的衝擊。這些災難和變動是由好幾種因素共同造成的，如經濟因素（饑荒）、疾病因素（天花、流行性感冒）和政治因素（戰爭）；其中黑死病（即鼠疫）是主因。十四世紀歐洲的糧食危機使貧困的人們受害最深，因為營養不良、身體虛弱的人最容易蒙受鼠疫的危害。而黑死病之所以流行，則與中國史裡談到的蒙古西征有關。一三四六年，包圍熱那亞設在黑海沿岸之商站的蒙古人，因患鼠疫而大批死亡，為了消除屍體，他們便把死屍投進被包圍的城裡。倉皇失措的城市居民逃往他處，也把疾病一起帶走。病害的傳播相當迅速，歐洲很快就籠罩在黑死病的陰影下；不過幾個月的時間，便有三分之一的歐洲人死亡。這種疾病在十四世紀反覆出現了幾次，直到十六世紀末，歐洲才重新恢復到十四世紀初的人口水準。

## 饑荒

　　與流行病頻繁有密切關係的原因之一便是饑荒。十四世紀時，廣大的區域遭受了多次的饑荒。饑饉帶來的後果很多，如出生和結婚率下降、流行病頻傳、社會動盪不安，直接的影響便是人口衰減，從而農產品過剩又導致價格降低，使得農村地區危機加劇。到處都有大面積的土地閒置；在日耳曼，有的農村整個被棄置；在英國，許多可耕地變成牧場來養羊，也有整個村莊被遺棄的情況。連接幾個冬季酷寒，甚至氣候

變化，也都可能造成糧食減產，糧食的生產量不斷下降。不過，就長期的角度來看，這類的現象不盡然是負面的，而是歐洲社會與經濟一次重組的機會。

## 經濟活動的變化

在國際貿易方面，運輸方式出現重要變化；陸上貿易失去優勢，海上貿易開始占上風。這種變化原因很多。當時陸路運輸多半仰賴牛或馬牽引的四輪車，其載貨量很小，而且道路狀況惡劣又不安全；內河的水路航運有時雖可替代陸路運輸，不過，有些地方利用陸路或水路作運輸尚需繳納通行稅。十四世紀左右，地中海、直布羅陀海峽和大西洋海岸的海路，直接將義大利城市（如熱那亞、威尼斯）與北海串連起來。相較之下，旅程既長又危險的陸路，這時便處於不利的地位了。海路的興起連帶的使許多海港都市紛紛發展起來。

## 社會動亂

伴隨城市飛躍發展和上述農村地區的危機而來之現象便是社會的動盪。農村人口大量湧入城市造成許多問題，如房租上漲、勞動就業市

---

**農業生產的轉變**

與糧食減產相應的，則是飼養畜牧、蔬菜種植和經濟作物的發展；這也透露出農業領域的轉變。十四世紀時，歐洲在飲食習慣上發生了變化：過去的人們以麵包、粥、烘餅為主食，此後則攝取更多的蔬果和肉類。農民從事畜牧飼養以及生產經濟作物，此舉比種植糧食更能夠營利。畜牧業發展迅速，呢絨工業的發達，需求大量羊毛，因而羊群的數量大幅增長。伊比利半島的大地主將大量的耕地變更為畜牧區，這樣西班牙就得進口糧食，而在此之前是大量生產糧食的。養牛業也有長足的發展，促進了肉類的生產。至於經濟作物中，也有若干專門為紡織工業生產的作物，如亞麻、大麻和製染料用的植物等。

場飽和、物價上漲的幅度甚至超過工資的增長等，而貧富之間的差距更使這種緊張局面加劇。戰爭和糧食危機迫使許多農民淪為乞丐，甚至犯罪。但是，起來造反的並不是這些人；相反的，造反的人是富裕的農民，因為他們比一無所有的人喪失了更多的東西。他們掀起暴動並不是受到貧困的驅使，主要的目的乃是反對苛捐雜稅或不公平的法律。城市的情況也是如此，都不是處境最不利的階層挑起的。雖說動亂的起因與宗教、經濟或社會因素有關，不過，頻仍出現的暴動也說明了正在進行的深刻變革帶給人們一種持久不去的不安全感。

## 銀行體系的發展

歐洲當時有各式各樣的貨幣，於是貨幣兌換業便成了熱門的行業。實際上，貨幣兌換商的出現，有檢視流通之貨幣的功能。另一方面，流動的行商出於安全的考量，常常把金錢存在兌換商那裡，兌換商便開立收據給他們，以證明儲入的款額。因此，貨幣兌換商行業便慢慢向銀行家行業轉型。再者，信貸機構改進技術，擴大營業範圍，如複式簿記和匯票，而匯票的使用也在不斷改進。商人聯合會聚集了大量資金，促進銀行體系的發展，最有名望的企業在歐洲各大都市設有分公司。稍後銀行家也組織起證券交易，此一業務很快就成為相當可觀的收入來源。這種種都加速了資本的流通，也促進了商業資本社會的形成。

## 從封建國家到近代國家

商業資本社會的形成與近代國家的出現是同時的。銀行家提供貸款給君主，而君主也逐步涉入經濟管理，設立海關稅則和壟斷權，採取保

護主義措施，從而使經濟管理具有國家的性質。由十二、三世紀的封建制度中產生的舊體制被這類新型的政府取代。由於封建制度與莊園經濟瓦解，國家的政治制度也出現結構性的變化；君主變得與臣民的利益休戚相關。臣民不再是處於封建等級制中某個既定位置的個體，而是某個群體、某個當時稱之為等級（etat）的社會範疇之成員。在這種等級的分類中，有一個新的群體——城市平民——嶄露頭角。從此，社會便有三個等級，即教士、貴族和城市平民，不過大多數的人包括城市和鄉村中最低階層，並不算在等級之內。這三個等級的代表集會（即三級會議）之召開，也意味著行使權力不再是單方面的事，而是由君主和三級會議共享的。

歐洲普遍採用這種新的管理國家形式，不過，各國的情況稍有不同。原先封建制度中的人與人之間的關係，如今過渡到群體的團結，有時便產生近代的國族情感，如法蘭西王國的居民並不自認為法國人，而是法國國王的臣民。另一方面，在政治和地理範圍上劃定界線的國家之形成，象徵著由教皇、有時由神聖羅馬帝國皇帝促成之大一統基督教世界的終結。

總之，十四、五世紀不能單純地視為一個破壞和衰落的階段，因為這段時期，主權國家取代了封建分割，一種不同類型的政府慢慢形成；商業的復甦和商業城市的崛起，讓歐洲從封建社會蛻變成商業資本社會。儘管歷經了黑死病、戰爭、饑荒等天災人禍，然而，歐洲的部分地區卻也開始了文化繁榮的新時期，如北義大利的城市便是重要例子；那裡正是我們下一節要談論的文藝復興之起源地。

# 問題與討論 ■

一、黑死病對於歐洲的經濟、社會乃至一般人心理，都曾帶來極大的衝擊。二十
　　世紀後期，也有一種疾病被比喻作黑死病，即愛滋病（AIDS）。這兩者的
　　類似處為何？試討論之。

二、十四世紀饑荒對於歐洲的社會和經濟帶來什麼影響？何以說也是一次重組的
　　契機？

三、十四世紀頻仍出現的社會動盪中，暴動的主要發動者是哪些人？暴動的原因
　　又是什麼？

四、歐洲如何從封建國家轉型為近代國家？

# 第二節　文藝復興與宗教改革

## 義大利與文藝復興

　　十五世紀下半葉，歐洲開始從上個世紀的嚴重經濟困難中復甦，在此期間，出現了最初形式的商業資本主義。擺脫中世紀瘟疫的歐洲，人口急速成長。十六世紀城市地區的發展，高於人口的平均增長。銀行家的家族在其城市裡的勢力逐漸上升，後來更進一步延伸至宮廷和教廷；這種影響力有時還加上對文學藝術事業的贊助，使他們獲得很高的聲譽。

圖6-1　雅典學院（一五一〇），拉斐爾繪。拉斐爾將古代的學者、賢士與哲人們聚集在這裡。中央是柏拉圖，一手拿著蒂曼烏斯篇，另一隻手朝上指著天，正在與亞里斯多德辯論；亞里斯多德拿著《倫理學》，一隻手掌朝下指著地。這個簡單的手勢就歸納了各自哲學的要點。畫家還以友人的形象繪製出了一些偉人。達文西在畫柏拉圖，第歐根尼半臥在臺階上，米開朗基羅枕在手臂上坐在那裡沉思，甚至態度神祕，還有哲學家赫拉克利特。這只是整幅壁畫的一部分，它表現的是精神上對真理的追求。

從十四世紀起，尤其在十五世紀時，義大利各城市共和國的王公和市政官周圍，也有一批藝術家和人文主義者。這種情況成爲全義大利各大城市的主要風氣，而文藝復興正是始於其中的佛羅倫斯。大體說來，文藝復興會出現在義大利，至少有三點明顯原因：1.中世紀的義大利一直有城市化的傾向，與古希臘羅馬時代具有相似的文化成長氛圍；2.十三世紀中葉以後，神聖羅馬帝國衰落，使義大利北部城市國家得以發展爲獨立的政治實體；3.義大利是古羅馬的舊址，這裡保存大量的古代遺跡，使義大利的古典文化傳統較其他地區來得強烈。

## 建築與雕刻

文藝復興（Renaissance）這個詞來自於義大利語rinascere，意思是再生、復興。文藝復興並不局限於模仿古典文化，而是將古典文化當成一個重要的啓發泉源。

文藝復興是一種全面的文化運動，其創造性表現在建築、繪畫、雕刻、文學等所有的藝術領域。由於人文主義對世界作了新的理解，有助於提出與空間有關的新美學。從這時起，建築師便利用古典建築原則，如門窗對稱布局，運用支柱和圓頂。雕刻在中世紀原本從屬於建築，現在得以擁有獨立的地位。宗教主題雖還占有重要位置，但跟來自民眾甚至神話中的題材接近。而米開朗基羅（Michelangelo，一四七五～

---

**人文主義**

文藝復興時期的哲學乃是人文主義，而人文主義者的典型態度便是否定中世紀。西方在中世紀時把上帝和彼世當作思想的中心，而文藝復興時期則把注意力集中在人和現實世界上，高度讚揚人的理智及精神。這種變化在科學上引起了迴響，神學從此失去其超越一切的意義，對於人和自然的興趣占了上風；從此，人便體現了上帝的完美形象，人的尊嚴也有了重要的意義。而個人思想的自由也是人文主義者大力宣揚的，這對宗教改革的出現則有推波助瀾的作用。

一五六四）則使雕刻達到登峰造極的境地，例如羅馬聖彼得大教堂裡的
聖母哀悼耶穌的雕像和大衛的雕像，便是他的作品。

圖6-2　米開朗基羅所設計的聖彼
　　　 得大教堂

圖6-3　大衛雕像

## 文學與繪畫

　　第五章第四節所述及的義大利文學的奠基者但丁雖處於中世紀，
但已預見了新世紀的到來。但丁之後，佩脫拉克（Petrarch，一三〇三
～一三七三）和薄伽丘（Boccaccio，一三一三～一三七五）則激發了
人們對古典遺產的興趣。而薄伽丘以愛情和理性為中心主題的《十日
談》，儘管遭受教會的譴責，然而依舊受到讀者的歡迎。至於繪畫方面
的表現更是獨特，此期的畫家運用了線條透視法，這是一種在平面上顯
示三度空間的畫法，也是文藝復興藝術跟中世紀藝術的真正分水嶺；達

文西（Leonardo de Vinci，一四五二～一五一九）和拉斐爾（Raphael，一四八三～一五二〇）則是繪畫的代表性人物。

圖6-4　蒙娜麗莎的微笑

圖6-5　最後的審判，米開朗基羅的壁畫。梵蒂岡的西斯廷教堂放棄比例而追求戲劇性效果與動感，這預示與文藝復興的古典主義決裂。

## 文藝復興的北傳

　　源自義大利的文藝復興運動，於十五世紀中葉以後，漸漸向北方的區域擴散，重點則在日耳曼南方、法、英和西班牙等國的商業都市。主要原因一方面與日益增長的經濟繁榮有關，另一方面則是因為活字印刷的發明，加快了文藝復興思想在日耳曼南方、法、英等地的傳播。然而，北傳過程因各國歷史發展不同，使得這些國家的文藝復興具有不同於義大利的面貌。不過，總體說來，文藝復興為近代西方文化的發展奠

定了基礎。接下來，我們要談論的也是發生在文藝復興時期的重大事件，那就是宗教改革。

## 宗教改革

　　馬丁‧路德（Martin Luther，一四八三～一五四六）於一五一七年發動宗教改革，結束了舊教（亦即現在一般通稱的天主教）在歐洲的統一局面。如同上一節所述，由於饑饉和流行病，歐洲人陷入深深的宗教狂熱，其中不乏夾雜著迷信。民眾的信仰雖已出現重大危機，然而教會沒有採取有效措施，卻依然生活奢侈，且經常出現醜聞；其中為人詬病的便是出賣贖罪券（indulgence）以搜刮民財、徵收什一稅等等。

　　馬丁‧路德正是在上述的形勢下提出改革的主張。路德認為，只有信仰才能使人正直，慈善事業不足以消除罪孽，也不保證靈魂得救。路德的信念可歸納如下：只有信仰能使人得救；《聖經》是信仰的唯一權威；每個信徒可以用自己的方式自由解釋《聖經》；洗禮和聖體、聖事是唯一值得保留的儀式；取消對聖母及諸聖徒的崇拜；煉獄是不存在的；教士可以結婚，修會不必存在。

　　路德進行宗教改革的稍後，法國人喀爾文（John Calvin，一五○九～一五六四）採取了更激烈的形式對抗天主教；他強烈否認羅馬教廷的權威，主張人得救與否以及貧窮或富貴，並非靠懺悔或赦罪之類的行為，而是早已由上帝的旨意所「預定」；即將得救的基督徒能否成為上帝的選民，虔誠的信仰與完美的德行是必不可缺的要素，同時也應該為了榮耀上帝而努力工作。喀爾文的教義對於商業繁榮有利，因而受到工商業者的支持，因為他們既可安心追求世俗的成就與財富，又不失為虔誠的教徒。

圖6-6　馬丁‧路德畫像
十七世紀時收藏於巴黎新教圖書館。
馬丁‧路德被逐出教會，又被逐出帝
國。他竭盡全力與教皇鬥爭，為革新
的教會規定了祭禮和禮拜儀式。他是
偉大的改革家，也是用德文寫作的第
一批作家之一。

圖6-7　喀爾文畫像

## 天主教的改革

　　面對新教來勢洶洶的威脅，天主教會除了反駁改革教派的觀點之
外，也舉行了三次的特倫托（Trent）主教會議，對自身的教義進行深刻
的審定。會議的結論重申了天主教的教義，尤其是被新教屏棄的那些原

**日耳曼諸邦與英國**
宗教改革在歐洲各地的發展狀況並不相同。例如，日耳曼諸邦在新教發展之初便表示歡迎，除了出於宗
教因素之外，也有政治和經濟上的考慮；換句話說，各邦決定信仰新教的原因是相當複雜的。而英國的
情況則較為單純，其中雖有宗教性因素，不過改革的動力主要來自國王；亨利八世因婚姻問題而與羅馬
教廷決裂，於是另立教會，成為英國教會的領袖。然而，其教義變更不大，除了洗禮和聖體之外，天主
教的等級制與禮拜儀式都加以保留。

則，如聖經和傳統是信仰的標準，也是啓示的來源；慈善是獲得拯救的
必要途徑等等。其中西班牙人羅耀拉（Loyola，一四九一～一五五六）
仿效軍隊的組織形式和紀律要求而創設的耶穌會，是促使天主教復興的
生力軍。耶穌會的修士在歐洲各地的傳教活動，重建了天主教的勢力，
同時也隨著海外拓殖，積極向海外各地傳播天主教。不過，這都已經無
法改變西方基督教會分裂的局面。

## 宗教改革的影響

　　文藝復興時期的特徵之一，便是對於世俗文化的肯定和對個人精
神獨立的鼓勵；這兩種精神成爲日後宗教改革的助力。新教主張無需通
過教會的中介，每個人都可以直接面對上帝，這正是一種精神的獨立；
而喀爾文教派更提出以世俗的成就來榮耀上帝，這也延續了文藝復興運
動以來對於世俗生活的認可。宗教革命打破了教廷天主教定於一尊的權
威，宗教開始由一元轉爲多元，而與此並行的現象便是宗教戰爭之後歐
洲民族國家林立，致使號稱大一統的神聖羅馬帝國不過徒具名號而已。

　　文藝復興是歐洲中世紀朝向近代發展的關鍵時期，而宗教改革亦是
此一過程中的重要推進力量。十一世紀以降開始轉型的中古封建社會、
莊園經濟和宗教文化，在此一時期轉變爲商業資本社會和世俗性文化。
然而，必須加以強調的是，中世紀與文藝復興時期之間，並沒有遽然的
斷裂或容易劃分的界線，因爲除了經院哲學之外，中古時期的其他思想
觀念也流傳至十六世紀，而中世紀也有人以文藝復興時期那樣的方式看
待人類和世界的先例。此外，文藝復興是指一三五○～一六○○年這段
漫長、多樣的歷史時期，因而將其概括爲人文主義是不恰當的；比如經
院哲學不僅維持下來了，還在大學裡有了進一步的發展，甚至對日後的

科學革命貢獻良多。有了這樣的認識之後，下一節我們便把焦點轉到近
代科學的興起以及啓蒙運動。

## 問題與討論 ■

一、文藝復興為何會發生在義大利？試綜述之。

二、為什麼不能將文藝復興概括為人文主義，理由為何？

三、馬丁‧路德的中心思想為何？

四、喀爾文教派受到工商業者的支持，原因何在？

五、試請曾參加過天主教和基督教禮拜的同學比較兩者在禮拜形式上有何異同。

# 第三節 近代科學的興起與啟蒙運動

　　十六世紀初葉至十八世紀中葉，正是歐洲近代的早期階段，在政治、社會、經濟、宗教各方面，都出現了大幅的變動。這些變動同時也發生在歐洲文化的其他方面，而呈現出新舊觀念並存的狀況，例如，十六至十七世紀中葉，興起一場持續百年之久的反巫術熱潮，卻也是我們稱之為科學革命的時代；這類的現象便是我們這一節要談的主題。

## 中古以來的科學傳統

　　歐洲中世紀的大部分科學知識來自於古代，十一至十三世紀時雖有若干新的發現，而使古代的知識基礎得到新的闡發，不過，其中仍摻雜了基督教的原則。《聖經》依然是描述世界的基礎；托勒密體系仍舊主宰著人們的宇宙觀；經院哲學雖採用亞里斯多德的學說，但卻用基督教的觀念來加以詮釋；換言之，在當時人們的認識中，大地與天體仍屬兩個不同的世界。到了中世紀末期，科學知識的體系除了古希臘的自然科學知識和基督教神學之外，又添增了文藝復興時新的科學成果；其中，天文學和物理學的進展，對於近代科學的興起有著重大的作用。

## 哥白尼與科學革命

　　在天文學方面，往昔托勒密的學說認為，地球乃懸於宇宙中心的靜止物體，包括太陽在內的其他天體皆繞地球作圓周運動；所有天體約莫固定在八十來個相互牽引的球型軌道上繞地球旋轉，同時還存在許多不規則運行。然而，與馬丁‧路德和米開朗基羅同時代的教士哥白尼

（Nicolaus Copernicus，一四七三～一五四三）認為此說太過複雜，一心想根據柏拉圖「真理為簡單」的信念，對天體運行求得一個簡明的答案。儘管哥白尼只具備有限的天文知識，然而，他發現，如以太陽為宇宙的中心，再輔以數學運算的推定，便能解決托勒密體系中的不規則情況。不過，哥白尼的學說並不完善，無法解釋所有天體運行的現象。

哥白尼生後約半個世紀，天文學家克卜勒（Johannes Kepler，一五七一～一六三〇）便運用更精確的觀察和計算，證明了太陽中心說的正確性。另一科學家伽利略（Galileo Galile，一五六四～一六四二）則發現了「靜者恆靜，動者恆動」的慣性現象，以及「自由落體」的性質，從而進一步強化了克卜勒的主張。他是運用數字的公式作為測量現象之標準的第一人；自此，數學便成為科學的語言。天文學和物理學固然是推動科學革命的主力，但在其他科學領域也有一些突破，像在生物學方面，英國人哈維（William Harvey，一五七八～一六五七）便發現了人體血液循環的原理，而提出心臟、動脈和靜脈是一個循環系統。

科學的種種進步，並非遽然出現的，而是由很多因素促成的。例如文藝復興以來，古典知識與文化的復興有助於人的思想內涵和創造力；再者，若干新儀器的發明，也讓科學家能做更精確的觀察和實驗。自十六世紀開始，歐洲各地對科學有興趣的人日趨增多。十七世紀以後，義大利、法國、西班牙和英國各地創設了一些科學機構。此時，教會對科學研究有時雖帶有敵意，但君主們已成為科學家的保護者和支持者。在種種有利科學發展的條件下，歐洲各國出現了植物園、天文臺、科學雜誌、生物實驗室，這些都成為發展現代科學

圖6-8　科學革命的集大成者牛頓

的基礎。英國人牛頓（Isaac Newton，一六四二～一七二七）是此時期的集大成者。他在伽利略等人的研究成果上，創立了奠定古典力學基礎的三大運動定律；在克卜勒的研究基礎上，發現了萬有引力定律；另外，他在光學、數學和熱力學方面，也有重要的貢獻。在二十世紀愛因斯坦（Albert Einstein）提出相對論之前，牛頓的力學一直是科學家討論物理現象時的核心依據。

## 巫術與社會心理

　　科學革命在歐洲知識界雖蔚為風潮，然而對於占人口大多數的下層民眾，影響其實相當有限；我們也看到，企圖藉超自然力量來改變自然的種種行為，如作法、念咒等，依舊在民間流傳。十六世紀以前，這類的民間信仰早就在社會上流傳，且未造成重大的社會問題。基督教成為歐洲的主宰信仰之後，便屢有迫害異端的舉措，不過規模並不大，然而，宗教改革之後，歐洲卻爆發了最嚴重的對巫術和巫術師（不一定是女巫，也有男巫）的迫害；許多人被控施巫術害人而被燒死。推究其原由，乃是宗教改革後，各地開始普遍設立宗教裁判所來迫害異己所致；

### 科學方法的建立

科學在文化領域中愈趨重要，這並非只因一些科學家提出新的學說和現象，更重要的是這些主張能否讓人們了解、接受，甚至模仿應用；其中，提倡科學觀念和方法而卓然成家者，有兩位哲學家：英人培根（F. Bacon，一五六一～一六二六）和法人笛卡兒（R. Descartes，一五九六～一六五〇）。他們皆相信科學的進展會造福人類，不過對於什麼才是真正的科學方法，兩者的看法並不相同。培根主張，對於由實驗所求得之事實加以有系統的紀錄，這些事實便會帶出一些暫時的假設，經過各種不同情況的實驗後，即可得到一普遍原則或科學定律；此即所謂的「歸納法」。笛卡兒認為，培根過於著重感官經驗而忽略抽象推理，因此轉而強調運用理性以尋求真理的重要性；他以邏輯推理為基礎的「演繹法」，彌補歸納法之不足；主張科學家應注意能夠有系統闡釋自然現象的法則，而不單是著眼於個別的現象。培根和笛卡兒的主張雖不相同，但對於當時歐洲的知識界皆有很大的影響力，也為日後的啟蒙運動預先鋪了路。

不過卻也反映出巫術在當時的流行以及大眾對於巫術的相信。中古後期出現數次的黑死病，造成歐洲社會極大的恐慌；這是人們乞靈於巫術的部分原因。再者，當時的醫學和衛生依然相當落後，人在生活和生命遭遇問題而無法解決時，尋求一個超自然的力量便成為解決之道。此外，巫術的指控有時也成了羅織異己的罪名。直到宗教戰爭結束，即十七世紀中葉之後，這場持續百年之久的反巫術浪潮才逐漸消退。

## 十八世紀的歐洲社會

在反巫術熱潮退燒之後，歐洲各國以民族為單位的主權政府日趨成型，專制主義抬頭，各國王權高漲，政治版圖也大致與今日的歐洲類似。那些曾受過教育、以土地為主要資產的貴族，中古後期雖因工商業興起而沒落，但此時卻開始利用其尚存的知識優勢，轉型成官僚體系中的一部分，也因而獲得許多好處，最明顯的特權就是不用繳稅。此外，另一個不用繳稅的特權階級便是教會。在這種情況下，賦稅自然落在一般的窮苦農民和市民階級身上。這正是啟蒙運動興起的社會背景。

## 啟蒙運動

十八世紀的人們將當時的思想運動稱為「啟蒙運動」（Enlightenment），意指黑暗後的光明；過去的種種愚昧、無知和褊狹，有如漫漫長夜，而科學正是黑暗後的曙光。科學革命結束了中世紀的世界觀，而啟蒙運動則繼承和發展了文藝復興的人文主義精神，進一步確立以人為中心的世界。

儘管活躍於啟蒙時代的知識分子之主張並不一致，不過也有一些共

同的精神：1.崇尚理性。啓蒙思想家把抽象的人視爲一切事物的中心，用人的理性替代神的意志，以理性檢視當時的種種制度、法律和政策。2.提倡科學、重視知識。啓蒙哲士在反對專制主義的同時，也積極提倡科學和知識；例如，狄德羅（Diderot，一七一三～一七八四）主編的《百科全書》（Encyclopedia）乃係極佳的例證，其中的不少撰寫者便是

圖6-9　在科學方法的建立中鼓吹演繹法的笛卡兒

圖6-10　主編《百科全書》的狄德羅

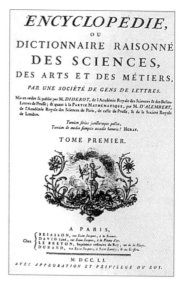

圖6-11　《百科全書》
這部辭典共二十八卷，其中十一卷爲插圖。狄德羅和達朗拜主持工作與撰寫條目，參加者有伏爾泰、孟德斯鳩、盧梭、普拉德。上圖是一七五一年版本的封面。

科學家。3.嚮往自由、平等的理想社會。自由、平等是啓蒙思想家追求
的信念。例如，孟德斯鳩（Montesquieu，一六八九～一七五五）系統地
闡述了行政、立法、司法三權分立的原則，認爲只有實行三權分立才能
相互監督、制衡，從而保證自由、平等的實現。

職是之故，啓蒙時代的思想家認
爲，政府首先應關心人民福祉，盡可能
避免損害包括言論和出版在內的個人自
由，同時也應尊重信仰自由。教會在某
些人的眼中意味著不寬容和迷信，因此
受到尖銳的批評。像伏爾泰（Voltaire，
一六九四～一七七八）便認爲教會是進
步的障礙，於是日益反對教權。

按照啓蒙思想家的看法，在治理
國家方面，科學比宗教更適合充任導
引。自十七世紀以來，由於牛頓等人

圖6-12　啓蒙運動中大力提倡言
論自由，抨擊教會不遺
餘力的伏爾泰。

的著作，科學突飛猛進，發現了很多新的宇宙法則。有些思想家像盧梭
（Rousseau，一七一二～一七七八）便認爲，按自然的規律發展，會產
生一個完善的世界，因此，人爲的政治干預和宗教干預應該愈少愈好；
人類只是大自然中的簡單元素，人在自然中發展才是理想的狀態；這類
的觀念影響了日後的浪漫運動，我們在第七章第一節會加以討論。此
外，盧梭也認爲，治理國家並不是君主唯一的義務；統治者與被統治者
之間有契約，即「社會契約」，如果統治者不履行責任，被統治者就有
權認爲契約已被廢除，他們不必繼續對統治者服從和忠誠。

新思想在各處引起討論，特別是在大多數新思想的發生地法國。人
們在咖啡館或上層社會的沙龍裡進行廣泛的討論。在特權階級（教會和
貴族）中，許多有識之士承認必須進行改革，但並未意識到他們可能在

改革中喪失特權。不論在咖啡館或沙龍中，參加討論的成員已不再限於貴族階層，這反映出當時歐洲社會中知識的普及狀況。新知識和新思想的傳播不但快速，而且也不局限於某一地。啓蒙思想家雖不主張革命而贊成漸進改革，然而，他們的言論卻影響了大西洋另一岸的美國，而且也是後來法國大革命的精神泉源。

　　歷史的發展終究是進步的，思想上的變革和社會結構的轉型一旦啓動，便不可遏止。十八世紀末至十九世紀前期，歷經大革命洗禮的歐洲，其政局表面上維持相當程度的穩定狀態，不過，在平靜無波的底層，也蘊藏著對日後影響深遠的暗濤；表現在思想層面，有浪漫運動；在社會層面，則是新的社會階層之形成；至於科學的發展，不僅強化了人們對科學的信念，而且還進一步將西方的工業社會推向歷史發展的更高階段；這些都是下一章要談的問題。

## 問題與討論

一、試綜述中古以來至科學革命之前的科學傳統。

二、科學革命的發展有什麼社會因素？

三、近代早期的歐洲社會何以會流行巫術信仰？巫術爲何會遭受迫害？

四、啓蒙時代的知識分子主張雖不一，但在精神上有哪些是他們共同的特色？

# 第七章　近代西方文化的發展及其問題

　　十八世紀後期，世界體系的重大轉折即是「東方的衰落」與「西方的興起」；原本居於亞非大陸一小隅的歐洲，在歷經文藝復興、宗教改革、科學革命、啟蒙運動以及工業革命的洗禮後，如今凌駕了東亞的大清帝國和南亞的印度，成為世界上最具優勢的地區。到了十九世紀後期，技術和工業方面的進展，更是進一步將歐洲的物質文明推向了另一高峰。此一時期，社會方面發生的大變動之一乃是中產階級的崛起；文藝方面，相繼出現了反對啟蒙運動所標舉之理性的浪漫主義，以及反對浪漫主義的寫實主義和自然主義；至於伴隨工業革命而來的工業文化，知識分子的反應則趨於兩極，有人提出若干看法以作為對工業化之種種問題的矯正，也有人全然歡迎而抱持著科學主義的態度，甚至還以此作為帝國主義和白人至上的論據。此際，歐洲加大了對外殖民和侵略的步伐，使得非西方世界已無招架之力了！

# 第一節　浪漫運動的興衰

## 浪漫運動的崛起

　　一個時代的思潮，往往是對上一個時代的反叛。十八世紀後半期至十九世紀前期，在思想和文藝方面對理性主義的反叛，便是浪漫主義（Romanticism）的出現。它不僅是一種文藝潮流，也是當時在歐洲文化中風行、與古典主義相對的一種思想態度，其主要特徵為訴求於人自身的情感和直覺，反對冰冷或冷酷的理智或現有的各種建制。

## 浪漫的意義

　　「浪漫」一詞會隨時代不同而有不一樣的內涵，因而其意義需視時代而定。大體而言，自十七世紀以來，浪漫一詞一度是貶意的，可說與空想、浮誇、荒誕、幼稚等詞相通，到了十八世紀初才獲得正面的意義。十八世紀中葉，浪漫一詞具有雙重意義：一為使人聯想到往日浪漫事蹟者，另一為能引發想像和情感者；這兩層意義與我們在此討論的浪漫主義有直接關聯，也是針對當時著重理性的文化趨勢所做的對抗。

## 盧梭與浪漫主義

　　啟蒙時代的思想家過分推舉理性的態度，到了啟蒙運動後期的盧梭時已經出現了不同的呼聲。盧梭認為，文明人的根本特色就是自我疏離，內在與外在不協調，因為人的外在不能真實地反映其內心，卻壓制甚至還吞噬其內心；相反的，原始人卻是內外在一致的，因此，解決此

一矛盾的方法便是返回原始的自然境界。他提出情感的重要性，認爲一個完整和諧的人生，應容許情感的自然流露。

## 狂飆運動

十八世紀的七〇和八〇年代，盧梭對於整體人生的觀點，曾影響德國的一些年輕人，而他們對這類問題的討論和創作，被稱之爲「狂飆運動」（Sturm und Drang）；這也是浪漫運動的前期。狂飆運動的主要目標在於打破對於理性主義的迷信，以及反對啓蒙運動以科學代替宗教的觀點；而在人生觀的問題上，只將科學放在一個較次要的地位。歌德（Goethe，一七四九～一八三二）採自一中古傳說的長詩浮士德（Faust），則是此一運動中的重要著作。故事主角浮士德代表了人之潛能的發揮，其並不爲自己感傷，也不全憑理智生活，抗拒死亡的降臨、拒絕承認失敗、努力不懈、奮鬥到底；反映出新興的資產階級積極謀求自由、幸福的進取精神。

## 文學

浪漫運動的本質是兼具感性和詩性，非常注重靈感創作，此乃針對啓蒙運動之著重理性而發，因而可說是帶有革命性的；此一革命性尤其見諸浪漫主義的戲劇和散文之中。

往昔的古典戲劇將悲劇和喜劇截然分成兩種獨立、互不相涉的劇體；浪漫戲劇則是致力於表現人生眞實面目的戲劇，亦即有悲劇的元素，也有喜劇的成分，讓其交流融合而成一體。古典戲劇表現的是普遍的思想和情緒，劇中的人物只是一個符號；浪漫戲劇的主角則有獨特的

性格以及與眾不同的思想情緒。

　　至於散文，十八世紀的文學風格所著重的是明確樸實，而浪漫主義則崇尚富麗及想像，營造色彩斑斕、驚心動魄的風格，追求舒展、自由，力求突破僵硬、死板的窠臼。短論成為個人思想情緒之個性表現；嚴肅的短論，如文學批評及討論人生問題之文章，也富含人情味，作者藉以發揮其主觀個性的特色，而不再是冷酷客觀的文字。

圖7-1　最早對女性主義觀點作有系統闡述的作者瑪莉‧烏斯東奎夫特。

　　複雜的浪漫情懷的另一突出表現，便是以愛情和女性為主題的作品大量出現。雖說此時期的作品中女性形象仍舊充斥著男性的幻想和偏見，然而，當代的女性主義卻也在此時期找到了根源，即瑪莉‧烏斯東奎夫特（Mary Wollstonecraft，一七五九～一七九七）發表於一七九二年的《為女權辯護》（*A Vindication of the Rights of Woman*）；這也是第一次對女性主義觀點作有系統闡述的作品。

## 芭蕾舞

　　還有一種藝術形式在浪漫時期得到進一步的發展，就是芭蕾舞。芭蕾舞在

圖7-2　芭蕾舞

十七世紀的法國宮廷生活中，已占有一席之地，其舞者為男女參半，但
重要的表演技巧仍然由男性擔綱。不過，在浪漫時期的芭蕾舞中，首席
的女演員已經成為整個舞團的靈魂。以腳尖跳舞與穿著優美薄紗舞裝也
是在此時期出現的，男演員有時已被貶成只是為舉起女演員到空中的機
器。很多至今仍然流行以女演員為主的芭蕾舞，皆出自浪漫時期。

## 繪畫與音樂

　　十八世紀的繪畫，常被冠以「古典主義」的稱呼，乃因他們注重
作品的結構均勻，以及對色彩的審慎控制。到了浪漫主義興起，畫家強
調的是藝術家的個性發展，以獨創性和個人美來跟古典主義的理性美相
抗衡，側重從歷史、尤其是中世紀民間文學和社會現實中尋找創作題
材。在藝術形式上則注意色彩、構圖與畫面的整體效果，而不限於局部
的實體描繪，從而使作品達到整體完美統一的效果。而浪漫派音樂的出
現，與繪畫的情況稍有不同，並非由反對古典主義而來，而是從古典主
義演進而至，其中關鍵人物是貝多芬（L. van Beethoven，一七七〇～
一八二七）；他居於兩派的橋樑地位，一方面集古典派之大成，把古典
交響樂推向新的巔峰，另一方面又是開浪漫派的先河，使得音樂方面的
轉變是演進式而非革命性的。

## 浪漫運動的衰落

　　大體而言，浪漫主義主要在反對啟蒙運動所標舉之理性的分析功
能，而主張想像的力量；著重人的個體性、感受、回憶，甚至世人的怪
癖。當浪漫主義沉溺於心靈和情感的探索時，工業的進展腳步並未因此

停歇。顯然，浪漫的想像並不能掩蓋現實生活中因工業化而帶來的種種問題，不久，人們又從浪漫的熱情回歸到冷靜的理智，正視起社會的現實。下一節我們便把焦點轉向歐洲社會中的新興階層，以及此一階層對於工業文化的回應。

## 問題與討論

一、盧梭為何反對啓蒙思想家過分推舉理性的態度？

二、什麼是「狂飆運動」？其目標為何？

三、浪漫主義的散文特色為何？

四、浪漫運動何以衰落？

# 第二節　新興社會階層及其對工業文化的回應

## 工業革命

　　「工業革命」此一用語意味著人類社會的生產力　擺脫了束縛它的桎梏，這在人類的歷史上還是第一次。在以往，還沒有任何社會能夠突破前工業化時期的社會結構、不發達的科學技術，以及由此而來的週期性破壞、饑饉和流行病加諸生產力的最高限制。從此以後，生產力得以持久迅速發展，並臻於人員、商品和服務皆可無限成長的境地。大多數的學者傾向於認定一七八〇年代，而不是一七六〇年代做為工業革命的關鍵時期，因為只有到了那個時期，所有相關的統計數據才突然快速地、幾乎直線式地上升；自此，革命性的變化已經成為工業社會的常態。

　　科技並非出現工業革命的唯一因素，其發端之地英國的科技在當時就不是歐洲最先進的國家，重要的是能與之配合的其他條件。例如，英國的農業已經市場化，製造業也早就滲透到農村，從而農業已經具備了支持工業化的三種基本功能：1.增加生產，提高生產率，以便養活迅速增長的非農業人口；2.為城市和工業提供大量不斷的剩餘勞動力；3.提供一個累積資本的機制，把資本用於經濟活動中較為現代的部門。換句話說，工業革命必須有社會、經濟、政治等相關因素的配合才有可能推展。英國的成功證明了工業化的成就，於是其他國家便模仿英國的技術，進而引進英國的工業和資本。

　　英國是進行工業化的第一個國家，接著是西歐和美國，最後是較不發達的南歐和東歐。從一七八九～一八四八年，英國的專家、蒸氣機、紡織機和資本，像潮水一般湧入歐陸和美國。工業革命進行到十九世紀

中葉之後，更因電力的發明與應用，使
得各種製造業出現一連串的連鎖效應，
進一步促進了西方世界的經濟發展。於
是工業國家的經濟成長率能夠逐年持續
地上升，造成各種物資的大量生產，人
口成長率也隨之增加。

## 工業化與人口增長

圖7-3　工業革命時期的紡織機

促成人口增加的原因是多方面的，
首先是經濟的發展使居民的生活水準提高，過去常發生的饑荒減少，居
民的營養狀況改善，身體抵抗力增強，一些過去經常肆虐的流行性疾病
（如天花、鼠疫）基本上被扼制，醫學也有大幅發展，這都導致死亡率
下降；再者，工業革命使得人口流動加快，結婚率上升，工業的急遽膨
脹更促使勞動力的需求增加，特別是童工大量的使用，刺激了出生率的
上升。出生率的增長和死亡率的下降，使人口自然增長率提高。而人口
成長對社會結構的一個直接影響便是，農業人口減少，而工商業者顯著
增加。另一個衝擊便是移民潮的發生。移民潮發生的原因，大致為歐洲
人口成長過速，失業率增加，以及美國與其他美洲國家提供就業機會，
再輔以交通工具的便利，使得這一段時間成為歐洲史上人口流動最劇烈
的時期。至於各國之內，人口由農村流向都市，則是普遍的現象。

## 新興社會階層的形成

在工業革命所造成的社會變動中，中產階級的崛起是近代史上的一件大事。中產階級的主要特徵是：它是由有權、有勢及有影響力的人組成，其中成員的社會成分相當複雜，包括工商業者、律師、醫生、建築師、教授，乃至藝術家等等，皆是以財富或能力影響他人的獨立個體。此一階級具有一種共同的觀念或態度：他們相信資本主

圖7-4　棉花坊中處境悲慘的童工

義、有競爭力的私有企業，以及科學與理性；也相信有一定代表性的政府，以及一定程度的民權和自由。他們認為，自己的成功是憑藉自身的努力，以及社會變遷而得到的；他們有別於往昔的王室貴族，也和農人以及其他從事體力勞動之人不同。他們信仰理性和文化，有時還以文化取代宗教。比較極端的情況，更有以去歌劇院、劇場、音樂會替代去教會參加宗教活動。在政治上，他們不組織群眾運動，而是組織壓力團體；在公共政策上，自由主義則是其服膺的主要信念。一般而言，中產階級對於他們的文明充滿了自信，通常沒有財務上的困難，而且以城市為主要的活動場所。

中產階級在城市中的生活方式和活動，取代貴族成為十九世紀歐美文化世界的主流。由於中產階級的需要，許多國家和城市有了公共的音樂廳、歌劇院、博物館、圖書館。這些公共建設，便成為近現代社會文化的象徵。中產階級能夠成為一股重要的社會力量，與上述的工業革命有密切關聯，他們對於工業化所帶來的社會文化變遷，亦有其自身的評價和回應。

圖7-5　中產階級的假日生活

## 工業文化及其問題

　　歐洲各國的工業化，不可避免的後果便是傳統鄉村社會的解體、人與自然的關係疏離，功利個人主義的出現；商業化的工業社會甚至有可能摧毀人的價值。面對當時的種種變遷，就有知識分子提出了與文化（culture）一詞在拉丁文中係出同源的「教養」（cultivation）這個概念，以作爲對工業化之種種問題的矯正。

　　英國作家兼評論家阿諾德（Mathew Arnold，一八二二～一八八八）曾對「機械和物質文明」與「文化」之間做過一番對比，他認爲前者乃是對機器的信仰到了荒謬的地步，甚至還以爲機器本身就有一種價值；後者則是一種過程，重點在於追求人的整體完美，導引人們將眞正的人

類完美視為一種普遍的完美，以及擴大那些使得人性成為特殊的尊嚴、財富和幸福的思想與情感才能。工業社會高估機器的價值，以手段評價為目的，根本是本末倒置，其解決之道便是通過教養，改造社會中最有影響力的中產階級。

## 寫實主義

　　對於工業文化所作的反思，在文藝方面的表現，則是更具批判精神的寫實主義之興起。伴隨資本主義發展而來的貧富差距與社會弊病日益暴露和激化，作家開始放棄浪漫主義誇張狂熱的空想和呼號，轉向冷靜的觀察和思索，用比較客觀的眼光來分析外在世界、研究社會現實。在文學創作上，寫實主義的基本特徵是：藝術創作主體側重於從客觀的角度來重現現實生活；客觀地、冷靜地觀察現實生活，按照生活的本來面貌精確而細膩地描寫現實；以清醒的審美意識，把握生活現象後面的深刻社會意蘊，且力求真實地再現典型環境中的人物，而人物必須在與社會環境交互作用中全面地、立體地展現自身的性格。例如，福樓拜（G. Flaubert，一八二一～一八八〇）的《包法利夫人》（*Madame Bovary*）便是其中的代表作。至於繪畫方面，在藝術技巧上則追求具體、準確和生動，以現實生活作為主要的創作題材，並且作品的主角往往是下層人物；構圖上滿懷同情地描繪出這類人物在工業社會中的悲慘處境。

　　總之，中產階級對於工業文化的反應是多樣的，除了上述的看法之外，另一方面，也有為數眾多的人抱持高度推崇的態度，也就是當時頗為風行的心態——「科學主義」；那也是下一節要討論的重點。

# 問題與討論 ■

一、為什麼十八世紀後期工業上的進展可以稱之為「革命」？

二、工業化對於人口的影響為何？

三、中產階級的主要特徵為何？對西方文化有什麼影響？

四、英國作家兼評論家阿諾德為何推崇「文化」而貶低「機械與物質文明」？

# 第三節　科學主義及工業資本社會的優勢

## 科學主義的抬頭

在前述的浪漫主義思潮蓬勃發展之際，哲學領域在十九世紀的二〇年代，出現了一個與其背道而馳的學說，也就是孔德（Auguste Comte，一七九八～一八五七）的實證哲學。孔德的實證哲學既強調事物的變化規律，也強調發現同類事物的共性；這類看法顯然與浪漫主義不同。實證哲學的立足點「實證」，意指「科學的精神與方法」。孔德主張，人類歷史的發展可分為三階段：一是神學階段，人對一切事物都尋求宗教的解釋；二是形上學階段，人開始追尋事物的哲學意義；三是實證階段，亦即不探究世界的本質和原因，只研究具體事物的規律。前兩階段之所以失敗，原因正是當時的方式都是純粹想像，缺乏科學的根據。這一哲學思想對科學主義（scientism）思潮的蔓延具有前導的作用。

孔德創立實證哲學之後一、二十年，工業革命的進展更為快速，科學與技術在法、英、德等國的種種重大發展，使人們產生一種信心，覺得藉自然科學的理論來解釋自然和全部人類社會的時代已經到來。因此，把自然科學的理論推而廣之，運用到人類生活的各方面（尤其是精神生活的方面），在一些人眼中似乎已是大勢所趨，不可逆轉。這就是當時廣為流傳的科學主義思潮。

實際上，牛頓時代的人們已經有科學主義的傾向，他們認為自然科學具有無所不知、無所不能的潛能；他們相信，精確的測量和計算，不僅可帶給人類幸福，亦可使人類獲得終極真理。這類抱持科學主義立場的人，除了相信科學是萬能的之外，也認為，科學知識之所以能夠拯救世界，乃因這個世界可用科學方法去了解並尋求拯救之道。而他們認知的科學方法便是著重於簡化複雜的現象到某一原理或法則。

在此一思潮中扮演推波助瀾角色的,正是從事自然科學的研究者
(如醫生、生物學家、化學家)。他們受到實證哲學的影響,改以實驗
為基礎,用實驗材料證明某一複雜的自然現象中存在著某些規律,而且
有著支配性、決定性的作用。他們的影響之所以遠遠超出其專業的範
圍,乃因他們的學說帶有顯著的方法論特點,而其學說本身就是對科學
主義的有力宣傳;尤其部分以人作為討論對象的作品,對思想界和文化
圈的影響更是廣泛。

## 達爾文與進化論

最顯著的例子,英人達爾文(Charles Darwin,一八○九～
一八八二)在生物科學上所提出的「進化論」,就對當時的人心、社會
產生極大震撼。他主張,世界上的一切生物,皆由低等生物經過長時間
逐漸演化而成,其中的一項演化原則是天擇:適者生存,不適者淘汰。
達爾文的學說對傳統基督教的價值是一大挑戰,無怪乎當他的作品一問
世,即引來歐美各界的激烈辯論。此外,達爾文的理論也被用來解釋所
有的社會現象,成了「社會達爾文主義」;此說風行一時,一些國族主
義、白人至上論和帝國主義者便用它來合理化他們的侵略行為。當時西
方社會出現形形色色主張演化的達爾文主義,追究其根源,這類的心態
與西方世界進入工業資本社會所造就出的優勢密切相關。

## 自然主義

　　在文學方面，反映科學主義理
念的流派則是自然主義，其信念則
視小說和戲劇為科學調查的輔助，
且試圖仿照實驗室的方法來複製自
然，其中的代表作家乃是法國人左
拉（Emile Zola，一八四〇～一九〇
二）。左拉深受實證哲學的影響，
認為作家應當把觀察到的生活現象
不加提煉地描繪出來，亦即在創作
中運用生理學、遺傳學、解剖學等
原理去勾勒生活、刻劃人物。此
外，他還主張，將人物所處的社會

圖7-6　達爾文被譏諷為生物演化上的
最新產物

環境看成動物生存的環境，同時也應將人類社會發展的特定型態視為生
物進化的某個階段。質言之，此一流派強調客觀精確，滿足於一種類似
素材蒐集的創作初級階段，使得創作常流於人物紀錄、實地調查的隨意
組合，但同時也反映了科學主義心態下的文學風貌。

## 工業資本社會的優勢

　　科學主義的風行與工業資本主義的優勢是一體兩面的。上一節所談
論的工業革命正是造就西方社會這種優勢之主因。工業革命在歐美各國
的發展步伐雖有快慢，但大體而言，有幾方面的轉變是共同的。
　　首先，工業革命使產業部門發生了根本性的變化，推動了生產力和

科學技術的飛躍發展，主要工業部門的勞動生產率和生產量呈十倍、百倍地增長。例如，英國棉織品的生產量從一七八五年的四千萬碼增加到一八五〇年的二十億碼。工業革命使英國成了世界最強大的工業國家。

其次，工業革命使經濟結構出現重大的變化，農業在國民經濟中的比重急遽下降，工業和商業的比重迅速上升。例如，英國農業的比重自工業革命以來不斷下降，而製造業、礦業和建築業的比重則逐步提升。

第三，工業革命使歐洲各國的經濟地理和人口分布有了深刻的轉變。在手工業時代，除了城市之外，尚有大量工業分布在農村；工業革命啟動後，工業出現集中化趨勢，工業工廠開始集中在城市和工礦區，以便利用離煤鐵資源較近、交通條件較好的優點，發揮城市經濟的聚集效應。

這類根本性的變化，強化了歐洲社會的體質，也改善了人們整體的生活條件。到了十九世紀中葉，滲透到戰爭之中的工業革命，更是藉著高性能炸藥、槍砲和蒸汽運輸，進一步加強了西方世界的優勢。鴉片戰爭證明當時的非歐洲大國大清帝國，已無力招架西方之軍事與經濟的侵略。

十九世紀初的歐洲仍舊是農業文明，然而，如今工業文明取代了農業文明。十九世紀後期的歐洲在技術和工業方面的優勢處於極點；歐洲民族所建立的大殖民帝國，顯示出世界強國的聲勢：世界是由歐洲的政治、經濟列強，以及正在發展中的美國所全權支配。此一局勢固然與西方社會內在的文明進展息息相關，但另一方面，在歐洲民族高唱凱旋曲之際，非西方世界正因白人的殖民和侵略，蒙受災難性的後果而身陷水火之中。

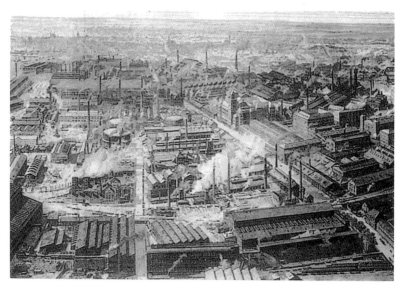

圖7-7　埃森的克虜伯工廠。十九世紀，克虜伯這個名字成為鋼鐵和德國軍備的象徵。在十九世紀初，這家初建的工廠只有十個工人，一八七三年增至七千人。由於對魯爾區的鐵礦和煤礦的開採，克虜伯聚集了冶金鋼鐵工業與萊茵河上的造船業。

圖7-8　在歐洲民族高歌凱旋曲的同時，非西方世界正因白人的殖民和侵略而蒙受災難性的後果。

# 問題與討論　■

一、什麼是「科學主義」？其爲何盛行？

二、什麼是「社會達爾文主義」？其根源爲何？

三、工業革命在歐美各國所帶來的發展雖不一，但社會經濟上有哪些方面的轉變是共同的？

四、工業資本社會的優勢帶來什麼影響？

# 第八章　當代世界文化

　　十九世紀下半葉，由於科學的突飛猛進以及工業化的快速
進展，西方的物質文明到達一個空前的階段；在科學主義高奏凱
歌的氛圍中，擺在人們眼前的景象似乎是一片光明前景。然而，
在光明的表象之下，卻也潛藏著許多的不安因素。一八八○～
一九三○年代，在思想方面可謂是百家爭鳴的競逐局面，其中的
若干主張持續地影響著往後的人類社會。歷經兩次空前的世界
大戰，世界的局勢發生急遽變化，美國和蘇聯成為世界強權。
一九五○年代以降，以美蘇為首的兩大集團相互對峙，形成了高
度恐怖平衡、毀滅性軍備競賽的世界冷戰體系，直到一九九一年
蘇聯解體之後，冷戰才告終結。另一方面，當代物質文明的成
就，使得現代人擁有遠較從前豐富的資源，而日新月異的科技發
展，更是加速了人類社會的前進腳步。然而，進入二十一世紀的
今天，我們面對的問題也一如往昔的人類：人從哪裡來？要往何
處去？

# 第一節　一八八〇～一九三〇年代的思潮

　　十九世紀中葉，工業革命大幅推展了軍備技術，高性能的炸藥、機槍和蒸汽運輸更加強了工業化國家的優勢。因此，一八八〇～一九三〇年代的半個世紀，可說是船艦外交的黃金時代。一八八〇年時，我們所看到的不是一個單一的世界，而是一個由兩部分合成的全球體系：一部分是「已開發」、具主宰性、富裕的西方工業國家（還可加上亞洲的日本）；另一部分則是西方人眼中所謂的落後、依附、貧窮的非西方地區。一如工業技術的進步，西方世界的思想和文化在此一時期出現了明顯變化。

## 自由主義

　　十九世紀後期，西方的政治社會思潮風起雲湧、花團錦簇。需要注意的是，這些思想會隨著時間改變，而且某些思想彼此間有親近的關係。十九世紀初期一度在政治上聲勢浩大的「保守主義」，

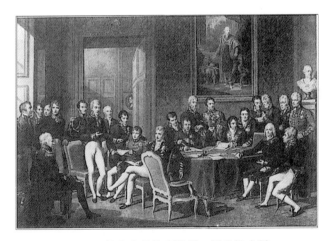

圖8-1　保守主義的高峰期：維也納會議

至此已不復往昔風采。而在十九世紀初期發展成一種成熟的政治信條的

「自由主義」，則是隨著中產階級的膨脹而茁壯，尤其在一次世界大戰前，西方社會達到了它的頂峰。自由主義通常是指一種廣大寬容的政治態度，此一態度來自於對人性、憲政體制、自由結社、有限民主和社會進步抱持樂觀信仰，而自由、理性、平等、容忍，尤其是個人主義，則是其要素。至於自由主義的目標，乃是建構一種個人在其中都能發展的社會，每個人皆可盡其最大努力，來追求其所認定的良善。然而，此一階段帶有社會主義色彩的自由主義開始出現，逐漸傾向於主張福利改革和經濟干預；這種傾向成為二十世紀自由主義訴求的特色。

此外，有兩種思潮在這段期間出現醒目的發展，對於二十世紀的世界有著深邃的影響，也就是「社會主義」和「國族主義」（Nationalism，在中文裡亦有人譯為「民族主義」）。

## 社會主義與共產主義

十九世紀初期，工業革命在歐洲已有相當的成果，且正不斷地擴張，當時已有若干知識分子注意到隨之而來的弊病，如資本家對勞工階級的剝削、工人生活處境的艱難與資產階級的奢華成鮮明對比等等，因而提出各種版本的社會主義。馬克思（Karl Marx，一八一八～一八八三）的學說之所以能夠在各種社會主義之中占有極重要的位置，部分原因乃是一八八〇年代社會主義運動已經逐漸成熟，而他又能夠在

---

國族主義

國族主義的現代意義與十八世紀以來國家的形成、成長和現代化有關，以往人類的群體雖已存在一種對土地、團體的忠誠與認同感，然而，現代人所熟悉的國族意識則是近代的發明。當代學者的研究已經指出，國族是由國家和國族主義打造出來的。其乃是後天的產物而非自古以來便存在的群體。一九一八～一九五〇年是國族主義的最高峰，其後雖告式微，不過到了一九九〇年代，東歐及若干地區的國族主義又再度抬頭（參見本章第三節）。

學術上對各種觀念提出有力的綜合和令人信服的解釋。自十九世紀末期以來，馬克思主義可說是對世界政治和社會影響最大的一種政治學說。

　　另一個跟馬克思主義和社會主義密切相關的主張便是共產主義。馬克思曾預測，當人類的社會進入到社會主義階段時，無產階級革命將會降臨，此際，為了剷除反革命的資產階級，「無產階級專政」有其必要。不過，一旦階級對立不復存在，而完全的共產主義社會來臨時，無產階級國家將自動「萎縮」。共產主義社會將是一個無產階級的社會，財富為所有人共同享有，人類將首次塑造自己的命運以及實現其完全的潛能。一九一七年，列寧（V.I. Lenin）所領導的布爾什維克黨推翻了俄國的沙皇，建立了第一個共產國家。迨二次大戰之後，隨著蘇聯的勢力擴張，中國大陸、北韓、古巴以及整個東歐，紛紛易幟為共產國家，而跟美國為首的西方世界形成對峙的冷戰局勢。

圖8-2　馬克思的學說不僅對十九世紀後期以來世界的政治和社會產生巨大影響，對於當代的學術研究亦有舉足輕重的作用。

## 法西斯主義

　　最後，值得一提的是一種混雜著帝國主義、種族主義、集權主義等成分的怪異主張，也就是法西斯主義（Fascism）；實質上，其乃極端形

式的「國家主義」（Statism）。所謂國家主義是指這樣的信念——相信
國家干預係解決政治難題或促進經濟與社會發展的最佳手段；國家有如
一部機制，藉其將集體行動組織起來，便可以獲致公益。法西斯主義是
二十世紀的產物，二〇年代開始出現在義大利，後來成為義、德、日三
國政權的意識形態。儘管此一思潮流行時間不長，於二次世界大戰後告
終，但帶給全世界難以抹滅的災難，尤其納粹對猶太人、日本對中國人
的大屠殺，更是人類史上最黑暗的一頁。

圖8-3　帶給全世界難以抹滅
　　　　之災難的納粹首腦希
　　　　特勒。

圖8-4　墨索里尼受傷的鼻子上纏著繃
　　　　帶，冒險在公共場合露面。

## 哲學思潮

除上述的政治社會思潮之外，在哲學方面鼎足而立的三大思潮是：實證哲學（參見第七章第三節）、馬克思主義以及反對理性主義的思想。在此，我們要討論的是反對理性主義的幾種主要的學說，如虛無主義、存在主義、精神分析學等，皆屬於此一範疇，其共同特色便是否定或反抗啟蒙運動以來居於思想界支配地位的理性主義；它也是十九世紀末葉歐洲文明危機的表徵。

## 虛無主義

德國人尼采（Nietzsche，一八四四～一九〇〇）是近代史上第一位看出「虛無主義」（Nihilism）即將籠罩二十世紀的思想家。他藉由一連串充滿空幻直覺、精雋箴言和預言警語，傳達出西方社會對當下的幻滅感；他認為，歐洲文明正受到其自身產物的威脅，西方文化中的頹廢、悲觀和虛無主義，是西方價值觀和物質文明的必然結果。因此，處於世紀末的尼采主張，該是對所有價值觀念作重新評估的時候了；唯有作徹底的價值轉換，才能消除歐洲文明中潛在的虛無主義所顯現的文明頹廢。

圖8-5 尼采的思想是對整個西方傳統思想的徹底反叛，他的學說標誌著西方思想危機的來臨。

## 精神分析學

　　另一股挑戰理性主義思想的學說便是精神分析學。該學說創始人是奧地利人佛洛伊德（Sigmund Freud，一八五六～一九三九），他從新穎的角度探討人的精神泉源、行爲動機、人格模式和精神的治療與教育，深入地研究精神病病理和人的心理，而且廣泛涉獵社會生活中的各個問題，從而創立了一整套精神分析的理論體系；往昔取代神而成爲人之思維中心的理性，遭受嚴峻的打擊；他的若干主張，如「潛意識」、「伊底帕斯情結」（Oedipus Complex，也即戀母情結），甚至成爲大家熟悉的日常生活語彙，對於當代世界的影響可見一斑。佛氏的學說不僅開拓了新研究領域，對於西方的藝文理論也有深刻的貢獻，即使今日，仍以各種簡化形式滲入我們的生活，成爲當代文化的一部分。他與前述的尼采和馬克思，堪稱影響二十世紀最鉅的三位思想家。

圖8-6　精神分析學的創始人佛洛伊德

### 存在主義

反映西方社會文化危機的另一表徵即是存在主義；此說形成於二十世紀的二〇年代，盛行於四〇～六〇年代。存在主義從非理性主義的觀點出發，認爲世界上的一切都是非理性、雜亂、盲目之力量的體現，這種非理性、不可克服的力量統治著人，而人的力量卻是十分有限又渺小，無法擺脫受挫、荒謬和死亡的命運。存在主義認爲，人在這一荒謬的世界中，唯有處於孤寂、煩惱、畏懼、絕望，甚至面對死亡時，才能眞正領悟到自己的存在。不過，存在主義對於世界並非全然抱持悲觀的看法，它也主張對人的不幸境況採取積極的態度，即正視這不幸的境況，並從中獲得生存的眞諦和勇氣。所以，也有人把存在主義稱爲「積極的」悲觀主義。

## 文藝思潮

　　至於藝文方面，繼寫實主義和自然主義之後崛起的則是現代主義（Modernism）；它是自十九世紀八〇～九〇年代興起的一系列反

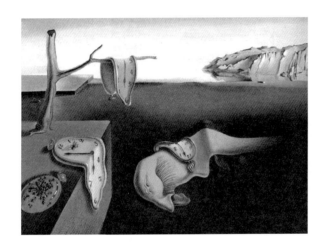

圖8-7　現代主義繪畫：達利的作品

圖8-8　現代主義建築。金貝爾博物館將卡恩的「費城學派」現代主義帶到了德州的沃斯堡。

圖8-9　畢卡索名畫「一九三七年的格爾尼卡」，這是當代藝術品中對戰爭行為之野
　　　　蠻所做的最嚴厲控訴。

寫實主義的美學、文藝思潮。第一次世界大戰及其後，在當時的政治經
濟環境與人們的思想狀況之推波助瀾之下，現代主義思潮蓬勃高漲，相
繼湧現了眾多的文學藝術流派。簡言之，現代主義在繪畫上走純粹抽
象，建築上重功能避繁飾，音樂上全然迴棄音律，文學上則與傳統徹底
決裂。例如，在文學方面，法國人普魯斯特（M. Proust，一八七一～
一九二二）的《追憶逝水年華》（*Remembrance of Things Past*）和愛
爾蘭人喬艾斯（James Joyce，一八八二～一九四一）的《尤利西斯》
（*Ulysses*）是其中的重要作品；至於繪畫方面，西班牙人畢卡索（P.
Picasso，一八八一～一九七三）即是代表性的人物。

　　綜而言之，這段時間的種種思潮，在人類社會歷經兩次世界性的毀
滅戰爭之後，有部分銷聲匿跡，有部分則繼續影響著戰後的世界；其中
最明顯的變化就是帶有啟蒙運動色彩的理性主義，再也無法居於西方思

現代主義
在現代主義旗幟下，實際上是包括了形形色色，甚至相互反對的各種流派；例如：未來主義、表現主
義、達達主義、超現實主義、意識流等，皆可歸為廣義的現代主義流派。

想的支配地位。戰後，不僅國家的版圖出現變動，英國的「日不落國」地位也讓位給另外兩個超級強權——美國和蘇聯。世界又出現另一種面貌。

## 問題與討論

一、國族為何是後天的產物而非自古以來便已存在的群體？

二、存在主義的特色為何？

三、現代主義的特色為何？

四、試以書中所附之畢卡索的繪畫（圖8-9），討論這類畫風的特色。

# 第二節　現代化的理論與實際

　　伴隨第二次世界大戰落幕而來的全球性變動，便是西歐殖民體系的解體和亞、拉、非新興國家獨立，以及共產世界的擴散；而現代化理論於一九四五～一九五五年間在西方出現和形成，係與此一趨勢息息相關的。面對此一歷史情境，西方為了界定出自身的優越地位，於是提出現代化理論，將「第三世界」、「開發中國家」等非西方的地區建構成落後的形象，提出如果要追上西方工業文明這個目標，便需要採行與西方發達國家相近的發展模式；引入外國技術、資金和投資，成為發展的信念。而負責訓練發展專業的則是歐美的大學和國際機構，其不僅為西方世界培養發展專家，更為來自亞拉非地區的留學生提供各種西方的社會科學「真理」。

## 現代化的理論

　　自一九五〇年代以來，西方學術界出現了一股研究這些新興國家發展和現代化的熱潮，「發展」和「現代化」等問題成為西方學術界關注的焦點。儘管現代化理論有共同的特點，不過，它並不是一種統一的理論，而是各個領域的綜合產物。現代化理論涵括的層面有政治現代化、經濟現代化、社會現代化和心理現代化。例如，在政治學領域，有學者提出了政治現代化模式，亦即政治要現代化唯有模仿英國的內閣制和美國的總統民主制度。社會學界也有學者主張現代化就是西化。而在心理層面，則有學者主張，傳統的態度和價值是社會經濟發展的重大阻力。至於經濟學方面，經濟學者羅斯托（W. Rostow）的經濟發展階段理論是最著名的一個，這個理論將經濟發展區分成五個階段：1.傳統社會階

段；2.起飛（take-off）前階段；3.起飛階段；4.邁向成熟期；5.高度大眾消費時期。按照此一理論的界定，歐美、日本和現今東亞新興工業國家，都已進入了第五階段。

圖8-10　儘管西方人在非洲大力推行現代化方案，然而，饑荒和貧窮的狀況依然處處可見。

　　儘管上述之現代化理論所側重的面相不盡相同，不過其共同特徵是：1.以國家為分析單位，藉此分析國家的政治制度、經濟概況和社會體系，認為發展的問題只涉及單一國家和單一社會的發展。2.社會是演化的，是從低度發展的農業社會逐步演化到以工業為主的經濟發展，因而每個社會的發展有快有慢，職是之故，非西方國家亟需面對的是如何發展的問題。現在落後的地區只要循著西方的經驗，也能夠發展和邁向現代化。3.傳統與現代是對立的，前者落伍，而後者進步，唯有改造傳統的價值觀和社會結構才能達到現代化的境地。4.追求一個普遍的模式，不管個別國家的差異，都必須遵循一個普遍的發展模式；換句話說，開發中國家只有仿效西方已開發國家的政治、經濟、社會結構和文化模式，才能真正走向現代化。

## 現代化的實際

　　由上述的說明可知，現代化理論全然是以西方社會的發展為基礎，

並藉此一參考架構來討論其他地區的發展，此一理論假設了西方社會是所有社會發展的模型，而非西方社會文化則是次等的，因此這類的單線進化史觀被批評爲帶有西方優越主義的色彩。再者，此一理論將傳統與現代截然二分，視傳統爲守舊和落伍，而忽略了傳統文化和制度不一定是現代化的障礙，它們面對挑戰後會自我轉化、調適，形成現代化的動力。此外，現代化理論的觀點是從一個國家或地區的內在社會文化因素，解釋一個社會是否發展的原因，而忽略了西方社會通過殖民和帝國主義對非西方社會的剝削和壓榨，致使非西方社會在發

圖8-11　冷戰下的柏林。東德士兵用帶鉤鐵絲網隔斷東西柏林。

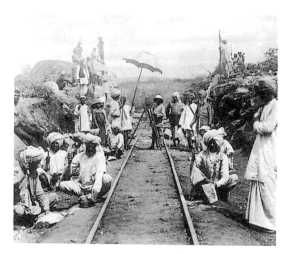

圖8-12　烏干達鐵路：一項花費巨大的爭議性工程。

展上有種種困境。因此，各類的現代化理論無法反思這些基本的問題：什麼是發展？究竟爲誰或爲什麼要發展？經濟增長是否就意味著改善人們的福利、提高人們的生活素質？經濟增長過程中，不同族群所付出的代價又是什麼？對弱勢族群（如原住民和女性）的影響又如何？除了

「現代化」和「工業化」之外，有沒有其他的發展方式更能改善人們的
生活？

　　上述的現代化理論在六○年代末、七○年代初，遭受現實的強烈挑
戰。首先，一體化開始在部分地區形成，如歐洲經濟共同體、東南亞國
協、石油輸出國組織等，這種國家之間的聯合以及共同發展趨勢，對於
以單一國家爲研究單位的現代化理論提出了質疑。第二，美蘇兩大超級
強國對峙所形成的冷戰局勢，促使若干國家，尤其是小國以及剛獨立的
國家爲了各自的生存和發展，不得不加入某一地區的聯合組織。第三，
南北半球差距加大，表明每個國家都處於世界這個整體之中，發展不單
是開發中國家的事，也跟已開發國家密切相關；如果開發中國家不發
展，已開發國家的經濟增長和發展也會受到嚴重的牽連。


## 對現代化理論的省思

　　與此相應，學術領域在一九七○年代以降，出現一股強而有力的反
現代化理論、反西方化理論和反歐洲中心主義的思潮，例如研究第三世
界的學者便質疑現代化就是西化的觀點，其指出西方的發展是以犧牲開
發中國家爲代價，而第三世界會有發展上的限制和困境，與世界資本主
義的擴張和剝削有直接關聯；這類的視角改變了人們對於第三世界發展
問題的理解，也對非洲、中南美洲、亞洲和其他地區的狀況有了新的認
識。

　　研究第三世界的學者認爲，必須考察現代資本主義的發展歷史才能
洞悉第三世界發展上的局限，因爲自十六世紀以來，現代資本主義就是
一種生產和流通的網絡，其將富裕與貧窮地區連結在一起，形成了一個
全球性的不平等結構。相較於落後地區，先進地區具有科技、資源和人

力上的優勢，相反的，落後地區只能以低廉的人力和自然資源來跟先進地區來往，然而，卻又無法由此得到多大的益處。雖說某些歷史契機可能會讓一些國家或地區的地位發生變化，不過，這種情況甚少出現，因而第三世界國家地位上升的例子並不多，更常見的狀況是第三世界國家的社會朝破壞、崩解的方向發展。

自一九七〇年代開始，世界上歷經了能源危機、第三世界債臺高築等一連串的事件之後，以西方為中心的現代化路線遭受愈來愈多的質疑。隨同現代化發展而來的種種問題，比方說，選民對政治冷漠、人際關係疏離、環境破壞、失業人口增長、種族衝突、貧富不均、軍備競賽、弱勢族群處境惡化等等更加白熱化，使得人們不得不正視現代化發展的合理性問題。即使近一、二十年來，沉浸在經濟高度成長之樂觀氣氛中的東亞地區，在一九九〇年代後期的金融風暴之後，也被迫必須省思「現代化」發展的局限。

## 問題與討論

一、何以說現代化理論帶有西方中心的色彩？

二、現代化理論有什麼缺陷？

# 第三節　當今世界文化的展望

## 狂飆的六〇年代

　　二十世紀的六〇年代或可稱之為「狂飆的年代」；這種現象不僅在美國、在西方，甚至全世界都普遍存在。各式各樣的抗爭在各地出現，其根源各自不同，而在一九六八年達到了高峰，對於世界各地皆造成強烈的政治與社會的改變，進一步摧毀了第二次世界大戰後藉以支撐這個世界的主要觀念和價值。一九六〇年代的社會反叛與貧窮無關，其主導力量不是來自被壓迫的群眾，而是出身中產階級的不滿青年；這是一場文化價值的革命，也是不同世代之間的對抗。這些價值革命對其後世界的精神面貌，產生了決定性的影響。

　　以美國為例，一九六八年發生了多樣性的抗爭，其中包括反文化（如嬉皮）、反越戰、黑人民權、女權，以及學生等運動。該年發生的一連串事件，如越戰升高、黑人民權領袖金恩牧師（Martin Luther King，一九二八～一九六八）遇刺身亡等，使得這些運動匯流一股革命性力量，成為全國性的抗爭。大體而言，這些抗爭在觀點上可約略分成三種不

圖8-13　一九六四年紐約市反戰分子並肩示威抗議

圖8-14　黑人民權領袖金恩牧師　　圖8-15　披頭四在美國電視節目「蘇利文劇
　　　　　　　　　　　　　　　　　　　　　場」的首演，總計十七千三百萬觀
　　　　　　　　　　　　　　　　　　　　　眾收看當天的節目。

同性質的理念：反文化、民權運動，以及新左派。反文化運動的時間爲
時較短暫，與新左派有關的反戰和學生運動，則在美越簽訂巴黎協定後
結束，至於黑人民權運動也因白人讓步而告一段落。這些運動雖是曇花
一現，但對社會價值觀留下深刻的影響，也對藝文的價值觀帶來衝擊；
例如通俗作品，甚至商品（像電影、搖滾樂）逐漸被接納到藝術領域，
大眾文化取代菁英文化成爲學者研究的重心，與此相應的思潮便是後現
代主義。

## 後現代主義

　　「後現代主義」最早出現在建築領域，原指一九六〇年代中期以後
浮現、以反對現代建築爲宗旨的理論和創作；後來其用法擴散至思想與
文化領域而成爲一種泛稱。後現代主義有幾種特色：矛盾、拼貼、不連

續、任意性、比喻的極度引申、虛構與
眞實相結合；常遭致相對主義與虛無主
義的指控。後現代主義到底是一個獨立
的思想運動，還是對現代主義的反撥或
延續，至今仍有爭議，但可以肯定的
是，其總體的傾向與現代主義有顯著的
不同特徵，而且對二十一世紀的前期仍
會有持續的影響力。

## 第二次工業革命

　　另一個對二十一世紀持續有影響，
且堪稱革命性的變化發生在資訊領域。

圖8-16 以商品爲題材的創作，
出自於普普藝術（POP）
大師安迪・沃荷（Andy
Warhol）之手筆。

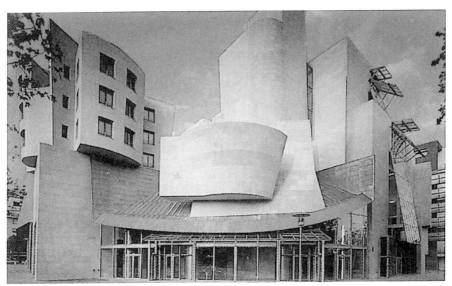

圖8-17 後現代主義建築

　　一九八〇年左右，有人開始著書預測世界將歷經激烈的轉變，從生活方式到經濟風貌都會發生戲劇性的改變，而這種情形只有一萬年前的農業革命（第一波）或十八世紀後期以來的工業革命（第二波）可資比擬。未來學家稱之為「第三波」的這次革命，也就是「資訊革命」，而達成整個革命的主要媒介便是眾所周知的新奇道具——電腦。

　　一九四〇年代電腦開始出現在人類的歷史舞臺時，一如其英文字義「計算機」（computer），電腦的功能主要局限在分類、建檔及數字運算等。不過在一九八〇年代初期，個人電腦問世之後，電腦便大大地改變了人們的生活，甚至也改變人們的工作型態。進入一九九〇年代中期，電腦產業的發展更是從軟體和硬體轉向方興未艾的網際網路。

　　網際網路其實是冷戰時代的遺產，當時美國的國防部建立了另外一套通訊系統，主要目的在於一旦遭受外國原子彈攻擊時仍能保持通訊

圖8-18　一九九六年史丹佛大學生使用麥金塔筆記型電腦，體會互動式多媒體教學法。一位大學校長感嘆，時下的教師只是引導學生自行透過電子配備探索知識的管道，而不再是知識的泉源。

的暢通。經過二十幾年的沉寂之後，網際網路快速成長，而在一九九○年代風行全球。網際網路的重要性是使人們可以快速獲得全球資訊，有些人認為網際網路對現代人的意義相當於印刷術之於一四○○年。儘管使用者的溝通仍局限於文字交流，但許多人已經覺得進入一個「虛擬實境」的世界，而且天涯若比鄰，世界彷彿愈來愈小。不過，網際網路的興起是否意味著今後書籍將束之高閣？人們的日常生活對話會不會淪為螢幕上由影像主導的簡短文句？很多知識分子開始擔心這類的負面影響。

　　與資訊革命一樣會持續影響二十一世紀的，恐怕是生化科技。自一九七八年第一個試管嬰兒誕生以來，已有數十萬名輸卵管阻塞的婦女透過試管完成了人工受孕，如今新的生殖技術甚至可以用借腹生子的方式，由「代理孕母」來執行懷孕和生產的工作。這些新技術固然令人振奮，對於長期苦於不易懷孕或不能懷孕的人（以及同性戀伴侶）而言，更是一項福音。不過，這種分割式的生殖過程可預期會造成的法律、倫理、道德以及社會問題，並不容小覷。相較於此，不遑多讓的技術便是基因的複製工程。一九九七年一位蘇格蘭的胚胎學家完成了一項驚人之舉，他利用一隻成年母羊的乳腺細胞，複製出一隻名叫桃莉的小羊。此一突破立刻引發無盡的想像力，當然，未來如果不加以立法規範，複製人的出現只是時間的問題而已。

圖8-19　虛擬實境。虛擬實境的科技於一九九三年三月首度問世。這種特異的互動式電腦遊戲一推出，便被世人稱為極富刺激的新體驗，同時也是容易上癮的高科技迷幻藥。

# 全球化

　　與上述議題同樣備受注目的焦點便是「全球化」的現象。大約十幾年前，不論是學術著作還是通俗讀物都甚少使用這個術語。而現在，這一術語已經從無人使用變爲無所不在，尤其近年來，全球化已經成爲政治和經濟上論辯的核心問題。全球化不僅僅是指經濟全球化，更重要的是我們生活中時空的巨變；人造衛星、電視、網際網路等設施所構築的通訊世界，實現了「地球村」的概念。日復一日，全球化正在使我們生活的社會組織發生巨變，也改變著人們的日常生活。

# 國族主義重新抬頭

　　不過，全球化趨勢也在「向下滲透」，它創造了新的需求，也創造了重建地方認同的新可能性，例如，國族主義的重新抬頭。自蘇聯與南斯拉夫解體以來，許多新的國家陸續建立，或正在進行如火如荼的獨立運動，此一現象是二十世紀的歐洲所罕見的。除了東歐之外，西方世界亦有國族分離運動，像是魁北克試圖脫離加拿大，蘇格蘭試圖脫離英國，這些都是歷史因素所造成的結果，其是否眞能爭取到獨立的地位，至今仍有待觀察。

# 二十世紀的回顧與展望

　　二十世紀已然落幕，我們該怎樣爲這個史家稱之爲「極端的年代」理出若干意義呢？當然，二十世紀的特色是許多人相信人定勝天，生活只會更好，美好的黃金時代近在咫尺；從來沒有一個時代的人們，像

二十世紀的人那般過著有電力、電話、汽車、電影院、廣播、電視、電腦和網路的日子。然而，二十世紀也在人類的歷史上留下令人刻骨銘心的晦色印記：兩次世界大戰的毀滅性破壞、集中營的悲涼、南京大屠殺的恐怖、種族歧視的不義，以及愛滋病的痛楚。政治與科學造成了這個殺戮的世紀，同時也帶給了人類生命和希望。儘管我們不知道未來的形貌會是如何，然而，回顧人類所走過的足跡，至少可以使我們從往昔的歷程中看出未來的可能方向。讓我們一起期盼，未來的歲月是一個較美好、較公平，也較有生機的新世界。

## 問題與討論

一、欣賞披頭四（Beatles）和巴布・狄倫（Bob Dylan）的六〇年代作品若干首，試著體驗他們的歌曲何以在年輕群體中，造成那麼大的迴響。

二、請同學針對自己使用網際網路的經驗發表感想，並討論其可能造成的正負面影響。

三、「代理孕母」和「複製人」會造成什麼法律、道德與社會問題？

四、什麼是「全球化」？

# 圖片資料來源

1. 朱龍華著，《叩問叢林——發現馬雅文明》，臺北，世潮，2000。

2. 劉文鵬主編，《古代西亞北非文明》，北京，中國社會科學出版社，1999年10月。

3. Hazell Watson & Viney Limited, *The Rise and Fall of the House of Medici Christopher Hibbert*, London: Penguis Books，1985.

4. 阿部謹也著，《自分のなかに歴史をよむ》，東京，筑摩書房，1988，7刷。

5. George Lucas & Menno Meyjes, *Indiana Jones and the Last Crusade*, New York, Lucas film Ltd., 1989.

6. John Julius Norwich, *A History of Venice*, New York, Vintage Books, 1989.

7. 光華畫報雜誌社編著，《世界著名大學巡禮(一)》，臺北，光華畫報雜誌社，1993，3版。

8. 李鐵匠著，《長河落日——重返巴比倫文明》，臺北，世潮，2000。

9. 吳焯著，《佛教東傳與中國佛教藝術》，臺北，淑馨，1994。

10. 漢斯・波爾桑德著，許綬南譯，《君士坦丁》，臺北，麥田，1999。

11. 蒲慕州著，《法老的國度》，臺北，麥田，2001。

12. Georges Jean原著，曹錦清、馬振騁譯，《文字與書寫①思想的符號》，臺北，時報文化，1994。

13. Pierre Babin原著，黃發典譯，《佛洛伊德——科學時代的解夢師》，臺北，時報文化，1995。

14. Roger Hanoune & John Scheid原著，黃雪霞譯，羅馬人，臺北，時報文化，1999。

15. 塩野七生著，楊征美譯，《君士坦丁堡的陷落》，臺北，三民，1999。

16. 光復書局編輯部編著，《埃及博物館》，臺北，光復，1998。

17. Saint Augustine, *Confessions*, London：Penguin Books, 1986.

18. 雪弗柯蘭黛原著，羅通秀譯，《中世紀》，臺北，桂冠，2000。

19. 光復書局編輯部編著，《大英博物館》，臺北，光復，1998。

20. Tim Rawle設計和製作，*The small cambridge calendar*, Cambridge：Cambridge-Portfolio Co., 2001。

21. 大地瑰寶旬刊，《用石頭寫出歷史的古城──吳哥窟》，臺北，大地地理出版事業股份有限公司，1998。

22. 李勉民主編，《歷史懸案》，香港，讀者文摘遠東有限公司，1985。

23. Jacques Marseille & Nadeije Laneyrie-Dagen編著，*Les Grands Événements De L'Histoire De L'Art*，《世界藝術史》，臺北，聯經，1993。

24. 薩德賽著，蔡百銓譯，《東南亞史（上）》，臺北，麥田，2001。

25. 顏海英著，《守望和諧──探尋古埃及文明》，臺北，世潮，2000。

26. Thomas Cahill著，曾曉鶯譯，《永恆的山丘──耶穌前後的世界》，臺北，究竟出版社，2000。

27. 格納‧路易斯著，鄭之書譯，《中東──自基督教興起至二十世紀末（上）（下）》，臺北，麥田，1998。

28. 小川光三攝影，倉田文作解說，《唐招提寺》，日本，唐招提寺。

29. 經典雜誌編著，《鄭和下西洋：海上史詩》，臺北，經典雜誌，1999。

30. 牛頓雜誌社編，《牛頓雜誌》185期，臺北，牛頓雜誌社，1998年10月號。

31. 石庵撰文，王露攝影，《中國佛教藝術──雋永的容顏》，臺北，大地地理，2000。

32. H.W.Janson著，曾堉、王寶蓮譯，《西洋藝術史①古代藝術》，臺北，幼獅文化事業公司，1980。

33. Mary Hollingsworth（瑪麗‧霍林斯沃思）著，*L'Arte Nella Storia Dell'Uomo*（人類藝術史），香港，中華書局，1991。

34.秦蜀蕙主編，《世界文明的故事⑥希羅文明》，臺北，圖文出版事業股份有限公司，1990。

35.布洛克著，談谷錚譯，《封建社會(I)依附紐帶的成長》，臺北，桂冠，1995。

36.布洛克著，談谷錚譯，《封建社會(II)社會階級與政治組織》，臺北，桂冠，1995。

37.納忠著，《阿拉伯通史上卷》，北京，商務印書館，1997。

38.納忠、朱凱、史希同著，《傳承與交融：阿拉伯文化》，臺北，淑馨，1994。

39.徐善偉、顧鑾齊著，《藍色誘惑──揭開愛琴文明之謎》，臺北，世潮，2001。

40.A. Gurevich（古列維奇）著，龐玉潔、李學智譯，*Categories of Medieval Culture*（《中世紀文化範疇》），臺北，淑馨，1994。

41.Jean Gimpel, *The Medieval, Machine*, London: Penguin Books, 1976.1

42.Claude Baudez/Sydney Picasso著，馬振騁譯，《馬雅古城──湮沒在森林裡的奇蹟》，臺北，時報文化，1994。

43.竹山博英著，《闇の歷史—サバトの的解讀》，東京，株式會社せりか書房，1993。

44.J. Aldebert等著，蔡鴻濱等譯，《歐洲史》，海口，海南出版社，2000。

45.L. S. Adams, *A History of Western Art*, London: Brown & Benchmark, 1994.

46.Milo Wold et al., *An Introduction to Music and Art in the Western World*, Madison, Wis.: Brown & Benchmark Publishers ,1996.

47.Marvin Perry, *An Intellectual History of Modern Europe*, Boston: Houghton Mifflin Company, 1993.

48.Walter L. Arnstein ed., *The Past Speaks: Sources and Problems in British History*, Lexington, Mass.: D.C. Heath, 1993.

49. A. A. Berger著，洪潔譯，《一個後現代主義者的謀殺》，桂林，廣西師範大學出版社，2000。

50. Shepard B. Clough and Richard T. Rapp, *European Economic History: the Economic Development of Western Civilization*, New York :McGraw-Hill, 1975.

51. William B. Willcox and Walter L. Arnstein, *The Age of Aristocracy*, 1688~1830, Lexington, Mass.: D.C. Heath,1996.

52. David McComb ed., *World History:* 1500 *to the Present*, Guilford, Conn.: Dushkin Pub., 1993.

53. Lorraine Glennon eds., *OurTimes: The Illustrated History of the 20th Century*（《20世紀史》），臺北，貓頭鷹，1998。

54. Godfrey Hodgson著，《20th人類大世紀》，臺北，大地地理，1999。

55. P. Jennings & T. Brewster著，李月華等譯，《珍藏二十世紀》，臺北，時報文化出版公司，1999。

56. F. Jameson著，唐小兵譯，《後現代主義與文化理論》，臺北，合志文化事業公司，1989。

國家圖書館出版品預行編目資料

世界文化史／盧建榮, 江政寬著.
--二版.--臺北市：五南, 2009.07
面；　公分.
ISBN 978-957-11-5664-4（平裝）
1.文明史　2.世界史
713　　　　　　　　　　98009217

1W83
# 世界文化史

作　　者 — 盧建榮　江政寬

發 行 人 — 楊榮川

總 編 輯 — 王翠華

主　　編 — 陳姿穎

封面設計 — 郭佳慈

出 版 者 — 五南圖書出版股份有限公司

地　　址：106台北市大安區和平東路二段339號4樓

電　　話：(02)2705-5066　傳　真：(02)2706-610

網　　址：http://www.wunan.com.tw

電子郵件：wunan@wunan.com.tw

劃撥帳號：01068953

戶　　名：五南圖書出版股份有限公司

法律顧問　林勝安律師事務所　林勝安律師

出版日期　2009年7月二版一刷
　　　　　2016年1月二版三刷

定　　價　新臺幣260元